基于供给侧改革的
文化产业发展模式研究

樊颜丽 著

中国商业出版社

图书在版编目（CIP）数据

基于供给侧改革的文化产业发展模式研究 / 樊颜丽著. -- 北京：中国商业出版社，2019.3
ISBN 978-7-5208-0638-1

Ⅰ.①基… Ⅱ.①樊… Ⅲ.①文化产业—产业发展—发展模式—研究—中国 Ⅳ.①G124

中国版本图书馆CIP数据核字(2019)第015767号

责任编辑：王彦

中国商业出版社出版发行
010—63180647 www.c_cbook.com
（100053 北京广安门内报国寺1号）
新华书店经销
北京虎彩文化传播有限公司印刷
＊＊＊＊＊
880毫米×1230毫米 16开 13.75印张 140千字
2019年3月第1版 2019年3月第1次印刷
定价：68.00元
＊＊＊＊
（如有印装质量问题可更换）

前言
PREFACE

  文化产业是朝阳产业，产业发展模式由产业特性决定和市场需求决定，中国文化产业供给侧改革的重点应是从供给端考虑如何促进文化产业模式的发展。文章对国内外文化产业发展的模式以及供给侧改革进行概述，并基于供给侧改革提出4种文化产业发展模式。

  文化发展模式是文化发展理论研究的内容之一。当前，关于中国文化发展问题的研究正在逐步成为研究"中国模式""中国道路""中国经验"的一个热点问题。学者们把对中国特色社会主义文化发展模式的研究与中国经济社会发展紧密联系在一起，分别从不同的角度、层次进行分析理解。比如：中国现代化战略研究课题组和中国科学院中国现代化研究中心发表的《中国现代化报告2009——文化现代化研究》把文化领域作为研究对象，把文化现代化作为研究主题，分析了中国文化现代化的历史和现状，为中国文化的发展提供了大量的数据、系统分析和政策建议；胡惠林著的《文化产业发展的中国道路：我国文化产业发展理论与实践研究》对我国文化产业的兴起、发展以及面临的问题进行了深刻的分析，进而"以创新为灵魂、构建我国文化产业体系"为目的，探讨了中国的文化安全、文化产业政策选择、文化体制改革、文化制度建设、文化战略制定等问题。学者们对中国特色社会主义文化建设的研究丰富了我国文化发展理论，为文化建设的必要性和紧迫性进行了充分的论证。

2015年11月10日，习近平总书记在中央财经领导小组会议上首次提出了"供给侧改革"，既表明中央政府宏观经济调控政策的重大转折，同时也意味着未来经济增长方式的根本性转变。从政策调控方向和调控重点来看，供给侧改革旨在调整以往大规模需求刺激计划，转而在供给端发力以实现宏观经济的新均衡。综合供给侧改革的主要内容，结构调整任务包括去库存、去产能、去杠杆以使供给更加适应需求结构的变化；增长任务则体现在降成本和补短板上，以解决微观主体经营恶化、要素使用效率低下、创新不足和国家竞争力下降等一系列问题，以支撑宏观经济转型升级和长期可持续发展。

本书共七章，内容分别是：文化发展模式概述、供给侧改革概述、基于供给侧改革的文化产业发展模式、供给侧改革背景下的文化规划、供给侧改革视角下的文化空间重塑、供给侧改革视角下的文化集群创新、供给侧改革视角下的文化企业创新。本书基于供给侧改革视角，提出文化产业发展的模式，通过分析和研究供给侧改革中的文化产业发展模式，对我们解决文化产业发展问题具有重要的指导意义和参考价值。

本书由陇东学院教师樊颜丽撰写，此书基于供给侧改革视野，探讨文化产业的发展模式，带有个人鲜明的思维印记，必然产生仁者见仁、智者见智的不同声音，但这也是个人学术经历的必由之路。为此，笔者抱着继续学习的态度，虚心听取各种意见，执笔之初，在书稿的构思方面得到兰州财经大学赵燕老师的指导，在撰写过程中，陇东学院经济管理学院的毛粉兰老师、李星老师对书稿的修改多次提出宝贵意见，甘肃省庆阳市卫生计生委综合监督执法局李智辉完成了此书的统稿和校对工作，在此一并表示衷心的感谢。

目录
CONTENTS

第一章 文化发展模式概述 ... 1

第一节 文化发展模式的基本概念 ... 3
第二节 国外文化产业发展的典型模式 ... 12
第三节 国内文化发展主要模式 ... 20

第二章 供给侧改革概述 ... 25

第一节 供给侧改革的基本要求 ... 27
第二节 供给侧改革的性质及其实现方式 ... 40
第三节 供给侧改革的意义 ... 53

第三章 基于供给侧改革的文化产业发展模式 ... 59

第一节 以政府推动为导向的开发模式 ... 62
第二节 以市场需求为导向的开发模式 ... 73
第三节 以特色文化资源为导向的开发模式 ... 80

第四章 供给侧改革背景下的文化规划 ... 99

第一节 城市规划的文化命题 ... 101
第二节 供给侧改革背景下文化规划的立足点 ... 106
第三节 重新认识供给侧改革的文化规划 ... 110

第五章　供给侧改革视角下的文化空间重塑 …… 117

第一节　供给侧改革视角下的文化空间分析 …… 120
第二节　供给侧视角下实现文化空间正义的基本要素 …… 130
第三节　供给侧视角下文化空间治理和重塑的思路 …… 134
第四节　以供给侧改革优化文化空间的实践路径 …… 141

第六章　供给侧改革视角下的文化集群创新 …… 155

第一节　供给侧改革视角下文化产业集群类型的创新特征 …… 158
第二节　文化产业集群的发展困境 …… 165
第三节　文化产业集群的发展路径 …… 172

第七章　供给侧改革视角下的文化企业创新 …… 181

第一节　供给侧改革视角下文化企业融合发展的特征 …… 183
第二节　文化企业供给侧创新的主要经验 …… 193
第三节　供给侧改革进程中文化企业创新发展的趋向 …… 200

结束语 …… 206

参考文献 …… 208

第一章

文化发展模式概述

第一节　文化发展模式的基本概念

一、文化

文化是一个传承久远、内涵丰富的概念。我国古代对文化的理解，最早可以追溯到《周易》："关乎天文，以察时变；关乎人文，以化成天下。"这时"文""化"二字尚未连接在一起。文化一词的正式出现是在汉朝。西汉学者刘向在《说苑·指武》中说："凡武之兴，为不服也，文化不改，然后加诛。"晋人束皙讲："文化内辑，武功外悠。"这里文化指的是与国家军事手段相对的一个概念，即国家的文教治理手段。在西方，文化的含义同样也有一个演变过程。它最初来源于拉丁文，原意是指耕作、培养、教育、发展出来的事物，是与自然存在的事物相对而言的。

（一）文化的由来

自19世纪中叶出现文化概念以来，中外学术界对文化的定义已有上百种。各学派的主要代表人物分别从各自的学科、专业、研究领域以及要说明的问题角度给文化下过定义，并对文化的内涵和外延做了大量的探讨，也做出了不同的界定。最早对文化做出专业性研究成果的当属被誉为"英国人类学之父"的民族学、文化人类学家爱德华·泰勒。在1871年出版的《原始文化》一书中，泰勒首次把文化作为一个中心概念提出来，指出"文化或文明，从其广泛的意义上说，是包括知识、信仰、艺术、伦理、法律、风俗及一个人作为社会的一名成员所掌握的任何其他能力和习惯在内的一个复杂的整体"。这是学术界第一次给文化的一个整体性概念，其影响重大而深远。时至今日，国内外各种讨论文化定义的论著和世界主要百科全书中的文化条目，几乎都要提到这一公认的最早的专业文化定义。

此后，对文化一词的定义和解释纷纷出现。1952年，美国文化人类学家克罗伯和克拉克洪分析了1871—1951年期间的西方文化学文献，列举了160多个文化定义，并依次细分为六大类：列举描述性的；历史性的；规范性的；心理性的；结构性的；遗传性的。在出版的《文化——关于概念和定义的评论》一书中，他们提出了自己的观点："文化是包括各种外显或内隐的行为模式；它通过符号的运用使人们习惯及传授，并构成人类群体的显著成就，包括体现于人工制品中的成就；文化的基本核心包括由历史衍生及选择而成的传统观念，尤其是价值观念；文化体系虽可被认为是人类活动的产物，但也可被视为限制人类做进一步活动的因素。"得到了学术界的广泛认可。帕森斯提出："文化是由人的个性内化的，政治和经济这两个社会的基本要素是由文化维持的。文化提供了价值、可共享的关于在社会中什么是可寻求的观念以及标准、获得这些事物的可接受的途径。同时文化也是提供语言及其他对社会生活具有重要意义的符号系统。"哈维兰则认为:"现在的文化定义倾向于更明确地区分现实的行为和构成行为原因的抽象的价值、信念以及世界观。换一种说法,文化不是可观察的行为,而是共享的理想、价值和信念,人们用它们来解释经验,生成行为,而且文化也反映在人们的行为之中。"比较深刻地揭示了文化的内涵。

中国近现代以来,许多学者也纷纷对文化概念进行了探讨。尽管在专业领域仍然没有一个普遍认可的文化概念。但一般认为,文化是一个复杂的多层次的宽泛概念,是一个国家、民族精神和智慧的长期积淀和凝聚,是民族生存的前提和条件,是人类生活的重要组成部分,几乎涉及生活和社会的所有方面。比如梁漱溟在《中国文化要义》中认为:"文化是生活的方法,是吾人生活所依靠之一切。文化之义,应在经济、政治,乃至一切无所不包。"上海辞书出版社1999年版《辞海》对文化一词的解释是:"广义的文化是指人类在社会实践过程中所获得的物质、精神的生产能力和创造的物质、精神财富的总和。"中国现代化战略研究课题组和中国科学院中国现代化研究中心发表的《中国现代化报告2009——文化现代化研究》中提出:"文化的内涵是指影响和解释人类生活方式的知识、制度和观念的复合体;文化外延包括语言、文学、艺术、哲学、宗教、法律、道德、习俗、科技知识、文化设施、文化产业、政治文化、经济文化、社会文化、环境文化和个人行为文化等。"

(二)文化的含义

"狭义的文化指精神生产能力和精神产品,包括一切社会意识形式：自然科学、技术科学、社会意识形态。"它排除人类在社会历史生活中关于物质创造活动及其结果的部分，专注于精神创造活动及其结果。包括社会的意识形态，以及与之相适应的制度和组织结构。文化是一种历史现象，每一个社会都有与其相适应的文化，并随着社会物质生产的发展而发展。余英时指出："文化是指人生的精神层面而言，它不但有别于衣、食、住、行之类的物质层面，也不同于有些制度和礼仪，这一精神层面和物质以及制度层面当然是互为影响而不可截然分离的，但它本身仍有一个相对独立的领域，用佛教的术语说，即仍有'自性'。它不仅不是物质与制度的基础所能完全'决定'，并且还能在一定的条件下'决定'物质生活和社会制度所表现的方式。"20世纪40年代，毛泽东在论及新民主主义文化时，也从狭义上界定了文化的概念，指出："一定的文化（当作观念形态的文化）是一定社会政治经济的反映，又给予伟大的影响和作用于一定社会的政治和经济。"

时至今日，有关文化概念的争论和研究仍在继续。多维视角的文化理论自然引出复杂多样的文化概念。了解文化的多种概念有助于我们拓宽文化研究的领域，使文化发展、建设的理论越来越深化，一切旨在深刻把握文化之意蕴的文化概念都有其独特的价值。本论文对于文化概念的使用，主要是取其狭义的概念。指的是精神文化或观念形态的文化，是客观社会现实在人们心理和精神上的反映、升华和凝结。是与人类社会的经济、政治相对应的范畴，由特定的群体成员共同形成的，一代代人传承下来并发展变化的对于存在、价值和行动的共识，包括思想理论、价值观念、意识形态等。它以一定社会的政治、经济为存在基础，但又在一定程度上对社会的经济和政治具有反作用，产生深刻影响。

总而言之，"文化，无论我们怎样给它下定义，都是我们所做的和所想的每件事物的中心。文化是我们所做的事以及我们为什么做这件事的理由，是我们希冀的结果和我们为什么这样想象，是我们所感知的东西和我们如何表达它，是我们怎样生活和我们以什么方式面对死亡。文化是我们的环境和我们适应环境的方式，文化是我们已经创造的世界和仍在创造的世界，文化是我们看待世界的方式和促使我们改变世界的动力。文化是我们了解自己和相互了解的方式，文化是我们的个人关系网，文化是使我们能在社会和国家内生活在一起的图像和抽象。文化是我们生活的要素。"

二、文化发展模式

（一）文化发展模式的概念

"模式"一词源于英文"mode"的译音，它是一个多层次含义的术语，具有"模本""范型""范式"等含义。模式是中性的，既包括这种行为方式的优点，也包含其缺点、面临的挑战和存在的问题。它不是千篇一律的，而是多种多样的；它不具有普适性，会因主体及其条件的不同而不同。在社会科学中，模式既可以是体制、制度，也可以是经验、道路。

发展模式是社会活动主体在社会实践中为实现发展目标所采取的方式和所选择的道路，是发展主体、发展客体、发展理念、发展目标、发展方式、发展道路的统一体。具有复杂多样、动态变化的特点，是经济模式、政治模式、文化模式和社会其他发展模式的有机整体。它是人类社会从一种较低级状态向较高级状态转化时所遵循的方式，即它所遵循的原则、途径、程序及终结结果。是一个国家、一个地区比较具体的发展样式，即在自己特有的历史、经济、文化等背景下所形成的发展方向，以及在体制、结构、思维和行为方式等方面的特点。是世界各个国家或地区在实现现代化过程中对政治、经济、文化体制及战略等的选择，体现着某一发展道路的主要特征，带有明显的个体色彩。

本书所指的发展模式不是泛指一切客观世界的发展模式，而是特指文化的发展模式。是社会的经济政治发展到一定程度的产物，是与经济发展模式、政治发展模式、社会发展模式相对应的一个范畴。是一个国家、地区对其文化发展的目标、方向、性质、方式和过程等方面的因素进行系统思考、综合选择与全面整合，进而在此基础上实际展开和形成的现实的文化发展形式或轨迹。文化发展模式从根本上说就是一个国家或社会为实现其预期的文化发展目标体系而创造和实行的一种手段，是人的生存方式发生深层变化的表现，是推动和影响社会发展的重要力量。

（二）文化发展模式的影响因素分析

文化发展模式的形成是一个极其复杂并充满艰辛的过程。任何一种文化模式的发展和完善都有其特定的生长环境，都与一定的社会经济、政治结构相联系，受其本民族的思想资源、民族心理、民族情感、习俗和价值观念的影响，同时也离不开对外来文化的吸收与融合。

经济对文化发展模式的选择起决定作用。传统唯物史观认为，生产力的发展决定着生产关系的变革，经济基础的变革必然带来上层建筑的变革。经济基础决定上层建筑包括文化上层建筑，是文化观念赖以产生和发展的物质源泉和实践基础。马克思指出："物质生活的方式制约着整个社会生活、政治生活和精神生活过程，不是人们的意识决定人们的存在，相反，是人们的社会存在决定人们的意识。""直接的物质生活资料的生产，因而在一个民族或一个时代的一定的经济发展阶段，便构成了基础，人们的国家制度、法的观点、艺术以至宗教观念，就是从这个基础上发展起来的；因而，也必须由这个基础来解释。"恩格斯也说："经济的前提和条件归根结底是决定性的。"

首先，经济为文化发展模式的形成和选择奠定了基础。生产力决定生产关系，经济基础决定上层建筑是马克思主义的基本原理。文化属于上层建筑，具有意识形态的特性。随着生产力的发展和社会进步，文化必然发生变化。经济是社会发展的基石。一般来说，每个时代的人们总是"自觉地或不自觉地，归根结底总是从他们阶级地位所依据的实际关系中——从他们进行生产和交换的经济关系中"获得自己的思想道德和文化观念的。一个社会生产力发展的总体水平以及与之相适应的社会生产关系和经济制度、经济体制对该社会的文化发展模式的形成最终起决定作用。因此，马克思和恩格斯曾指出："如果没有生产力的发展，那就只会有贫穷的普遍化，而在极端贫困的情况下，就必须重新开始争夺必需品的斗争，也就是说，全部陈腐的东西又要死灰复燃。"所以文化发展模式归根结底是受着一定的经济基础决定和制约的。恩格斯在致博尔吉乌斯的信中写道："政治、法律、哲学、宗教、文学、艺术等的发展是以经济发展为基础的"，"它构成一条贯穿于全部发展进程并唯一能使我们理解这个发展进程的红线。"法家的先驱管仲提出了"仓廪实而知礼节，衣食足而知荣辱"，明确了经济与物质基础对文化建设的影响作用。就像我国唐朝文化之所以能达到最高峰，与当时经济繁荣、政治开明、社会文明不无关系。

其次，文化发展模式随着经济基础的变化而不断发展完善。文化发展模式的选择受到社会经济条件的制约，即生产力和生产关系的制约。生产力水平对人们的价值选择有决定性影响，人们只能在一定生产力提供的物质条件和手段以及由此所决定的生产关系体系中，有限度地进行价值选择。"人们不能自由选择自己的生产力——这是他们的全部历史的基础，因为任何生产力都是一种既得的力量，是以往活动的产物。"随着经济发展和社会财富的增加，文化建设所需要的资金投入不断加大，文化建设的量、质都有望得到提高。一方面，经济的繁荣与发展，生产力水平的提高与进步，既可以拿出更多的资金为文化建设提供物质技术支持，也可以为人民群众有更多的时间从事文化实践活动提供条件，使文化发展模式的构建获得更多的物质和政治资源；另一方面，经济发展催生出高层次、多样化的精神文化产品。经济发展使社会成员获得了越来越多的个性自由，需求层次不断提高，对精神文化生活的要求日益增长，这种客观需求对文化建设提出了新的更高要求，同时也赋予文化建设更加丰富鲜活的内容。

最后，文化发展模式的选择对推动经济发展有着积极的能动作用。在整个人类历史当中，文化与经济社会发展之间相互渗透、相互影响。一方面，经济起着基础的决定作用，文化在整个社会结构中，受经济基础决定和制约；另一方面，文化又不是简单的社会现象，它内在于社会实践、社会生活的方方面面，从深层制约和影响经济、政治活动。文化与经济是密切相关的，任何经济现象背后都蕴含着不同的文化理念，呈现出不同的文化内涵和意蕴，二者是一个互相依存、彼此不可分割的有机体。一方面，经济的发展离不开文化的参与和支撑，脱离了人或文化背景的发展是一种没有灵魂的发展。文化的交流、融合与整合有利于改善经济行为，提高经济效率；另一方面，经济发展为文化发展提供物质条件和生活源泉。随着经济社会的进一步发展，人民群众对精神文化的需求，对文化产品数量、品种、质量、风格的需求必将不断增长，更加丰富多彩。从根本上说，经济决定着文化的性质和面貌。但文化绝非经济的消极派生物或附属品，文化对经济反作用力具有复杂性。在现代社会中，文化已经成为经济社会发展的重要资源，在推动经济社会发展中发挥着积极的主导性的作用。而且随着人类社会的发展和人类精神的丰富，文化引领作用的自觉性随之不断增强。

第二节　国外文化产业发展的典型模式

一、国外文化产业发展现状

自20世纪90年代以来，文化产业以其独特的文化魅力和惊人的成长速度吸引了世人的目光，文化产业已经成为许多国家的一项重要支柱产业，创造了大量的就业机会，在国民经济中占有举足轻重的地位，成为国家重要的外汇收入来源，成为经济发展的新引擎。世界范围内，美国的电影业和传媒业、日本的动漫产业、德国的出版业、英国的音乐产业等都成为国际上的标志性产业，成为一国综合国力的最直观、最具体的反映。

（一）美国文化产业发展现状

美国既是文化产业发展最早的国家之一，也是当前文化产业最发达的国家，其文化产业的竞争力和总体实力没有任何国家可以与之分庭抗礼。美国文化产业规模庞大、行业门类齐全，并且大都居于世界领先地位。在美国，最富有的400家公司中有72家是文化企业，美国文化产业的年产值超过了汽车、飞机、计算机等美国的传统行业，成为第一出口项目。在特有的现代科技和雄厚资本的支持下，美国形成了以电影、音像、报刊、动画、娱乐业、体育业等为核心的强大文化产业群，并且建成了庞大的全球销售网络，控制了许多国家的销售网和众多电影院、出版机构及连锁店。同时，美国利用技术优势，在诸多行业率先进行技术革新和改造，取得了文化产业的先发优势。加之强大的经济实力和政治影响力，美国文化产品遍布全球，获取了高额的利润，取得了"一家独大"的地位。

（二）德、英、法文化产业发展现状

英国、德国、法国的文化产业也紧随美国之后，也处在国际前列。英国政府重视创意产业的发展，1994 年布莱尔任工党主席后拉开了"新英国运动"的序幕。1998 年布莱尔出任英国首相后成立了"创意产业工作小组"，在政府的主导下创意产业逐渐成为推动英国经济转型的主要力量。经过多年的发展，创意产业成为英国仅次于金融服务业的第二大产业。2003 年英国首相战略小组指出，如果用就业和产出衡量，伦敦创意产业对经济发展的重要性实际上已经超过了金融业。此外，创意产业成功推动了英国出口，有效地抵补了货物贸易逆差。所有这些都显示了英国经济从制造型向创意服务型的转变。

德国和法国也是传统的文化产业强国。德国和法国文化产业的发展与其丰富的文化资源相关，两国是拥有深厚历史文化传统的国家，具有深厚的文化底蕴。文化产业在创造就业机会、推动经济发展和创造社会财富方面发挥着重要作用。德国在出版、影视、表演艺术、会展等行业十分突出，处于世界领先地位。法国政府十分重视文化产业的发展，基础文化设施齐全，文化产业发展水平较高，在电影、图书出版、艺术表演、音乐、美术以及文化旅游等行业处于世界文化产业的前列。

（三）其他国家文化产业发展现状

此外，其他主要发达国家和一些发展中国家，如加拿大、巴西、印度、澳大利亚等国的政府，也日益重视文化产业发展，出台相关举措，创造有利的文化产业发展环境，文化产业发展呈现出高速发展的态势。

总之，在世界工业经济时代向后工业化时代转变的过程中，文化产业成为世界发达国家推动经济转型的重要力量，各国政府都致力于制定文化产业发展战略，通过壮大文化产业，培育推进国民经济结构、国家产业结构转型和升级的主导力量。

二、国外文化产业发展模式

在世界各国发展文化产业过程中，由于初始条件、资源条件与政策路径不同，出现了不同的发展模式。雷光华将西方文化产业的发展模式分为四种类型，即竞争—保护模式、产业综合模式、集约化经营模式和特色推动模式。傅才武、宋丹娜根据西方发达国家历史、社会、政治、文化与国内外经济环境差异将西方文化产业的发展模式分为美国模式消费导向模式、法国模式行政导向模式、德国模式社会市场模式三种类型。

笔者认为，文化产业发展具有与一般物质商品经济发展不同的特点。与物质商品不同之处在于，文化商品在一定程度上体现了文化生产的公共性，因而在国家层面上具有了意识形态的基本功能和属性，要受到国家特别的关注，在政府层面上体现为各国政府根据其国情制定保护—约束性政策措施。但文化产业的主体性仍然是产业属性，不能脱离文化市场来讨论文化产业的发展道路，任何国家文化产业的发展要接受市场基本规律的制约。因此，在世界各国文化产业的发展过程中，对每一个文化市场主体而言，他们必须面对一个不完全的自由主义市场和一个不完全透明的政府。对于文化产业的整体而言，文化产业的发展处于由政府约束—保护力量与市场资源配置力量的经纬网络之中，由政府与市场两种力量构成文化产业发展的宏观背景。从历史角度看，在不同的历史阶段和不同的地区，政府力量与市场力量因时因地因情境不同，起作用的方式和程度不同，或是政府在文化产业发展不同历史阶段上呈现出政策措施力度上差异或是市场在不同国家文化产业发展过程中呈现出资源配置作用的差异。但无论如何，政府与市场两种基本力量相互作用以推动文化产业发展的整体格局不会发生根本性的改变。

（一）市场主导模式

市场主导模式是指，在"政府—市场"的二元格局中，市场在国家文化产业发展过程中具有核心和决定性的影响和作用。与国家战略推动模式相对应，市场发展模式更强调市场在文化产业发展过程中资源配置的基础性作用，政府除宏观政策调节和少量公共资助外，基本不介入文化产业领域的运作过程，在文化产业发展过程中，国家政府行政力量如政策、法律、税收、公共财政等具有重要影响但并不具有决定性的作用，主要由文化市场中的生产商、销售商、运营商等市场主体来主导文化产业的发展过程。这一模式在形态上体现为以政府与市场保持"一臂之距"为基础的市场自由发展模式。

凭借市场主导模式的成功运用,美国已成为世界文化产业强国。2005年美国文化产业总值占全世界的44%。全世界56%的广播和有线电视收入、85%的收费电视收入、55%的电视票房收入都在美国。作为全球私有化程度最高、科技最发达、资金实力最雄厚的国家,美国采取"无为而治"的方式,政府没有设置主管文化产业发展的相关部门,主要通过市场自我调节来推动文化产业的发展。文化产业的管理和运行往往由非政府的组织协会和企业来具体运作,政府主要为文化产业发展提供宽松的外部环境和严格的法律保障,并针对一些公益性强、市场回报低,关系国家文化安全的文化产业进行政策性扶持。如通过加大对外宣传力度、提供公益基础设施投资以及增加资金投入等手段给予支持。此外,美国文化产业投资主体多样化,既有来自联邦、州和市、镇政府提供的资助,也有来自公司、基金会和个人捐助等,而且后者在文化产业的投资数额远远高于前者,形成了比较完善、规范的融资体制。一些有实力的文化产业集团如美国广播公司、哥伦比亚公司等,背后都有金融大财团的支持。同时,美国非常注重通过法律和制度建设规范和维护文化产业发展环境,是世界上首先开展文化立法的国家。早在1790年就制定了第一部版权法,而后来的新版权法、版权期限延长法案和数字千禧年版权法等法律的及时出台有效推动了文化产业的发展。

（二）政府强力扶持

在促进文化产业发展的诸要素中，国家战略以及相关的政策措施是最重要的资源，是矛盾的主要方面。在国家战略的主导下，国家文化产业领域实现了要素汇聚和力量裂变，走上了快速发展的轨道。这一模式体现为，政府在文化产业发展过程中全面介入，市场体制尽管起到了重要的作用，但在文化产业发展过程中不具有决定性的影响。国家通过政府行政力量如政策、法律、税收、公共财政等强有力的手段推动文化产业发展。

英国政府非常重视文化产业，从政策、资金、文化企业等多个角度强力促进文化产业发展。（1）1997年布莱尔当选英国首相后，将创意产业作为国家重要产业加以扶持，成立了"创意产业特别工作小组"，并亲自担任小组主席。该小组的一项重要职能是对国际文化贸易具有检查和参谋作用，形成了包括文化媒体体育部、贸易工业部、对外贸易部、文化委员会、地方艺术委员会、地方艺术理事会等在内的管理网络系统，形成了一套全球范围内最完善的文化创意产业体系。不仅如此，英国政府为文化产业发展提供了巨大的政策空间，如帮助培养消费市场；支持文化艺术产业发展、鼓励企业和个人向文化企业捐赠或资助；保证文化艺术成为教育服务体系的组成部分以及保护知识产权，推动地方自主权等，英国由此形成了国际上产业架构最完整的文化创意产业政策。（2）英国构筑了先进的文化产业理论，拥有包括约翰·霍金斯在内的大批国际创意产业专家，理论的指导对英国文化产业发展起到了积极的指导和推动作用。(3)英国突出核心城市和产业集聚在促进文化产业发展中的辐射和带动作用。2003年2月,英国提出将伦敦建设为世界级文化城市的战略目标,旨在通过伦敦这一世界级城市的品牌效应带动整个英国文化产业全面发展。据《伦敦市长文化战略草案》数据显示,伦敦文化创意产业年产值约为250亿~290亿英镑,从业人员达到52.5万。2000年伦敦创意产业人均产值为2500英镑,几乎是全国创意产业人均产值1300英镑的2倍。此外,英国通过发展文化创意产业园区,将文化产业集中在园区,实现集聚发展是英国文化产业的又一特色。1997—2005年间,英国共培育了12万家文化创意企业,投入资金超过1.5亿英镑,创意产业为英国GDP的贡献率达8%,已成为推动国家经济发展的重要力量。

(三)官产学结合

德国实行的是宏观控制的社会市场经济,既反对经济上的自由放任,也反对对经济的过度管制,采取政府管理与市场发展相结合的方式。在国家和市场的关系上,遵循的基本原则是国家尽可能少干预,而当国家干预必须时就必须给予必要的干预。这种国家经济管理模式也移植到了文化管理模式上,形成了德国文化产业发展模式。德国的文化产业管理模式既集权,又分权。"集权"是指德国从中央到地方的各级政府在文化管理中居于主导地位,这与英国政府通过非政府的中介机构进行文化管理的方式,或美国政府的自由市场发展方式相比较,是一种政府集权管理模式。而"分权"是指中央一级的联邦政府通过其各个部门,把某些文化管理责任移交给地区、自治市政府，联邦分权是德国文化政策最重要的一个方面。这种集权、分权上结合的文化管理模式，有利于克服由于文化产业过度市场化和商品化所带来的弊端，有利于国家文化发展战略的顺利实施。

法国强调国家和政府在文化发展中的主导作用，但同时又充分尊重市场发展的规律。法国也是发达的市场经济体制国家，但是其市场经济体制又有着自己的特点：一是国有经济在国民经济中居于重要地位并发挥着重要作用；二是在市场机制发挥主导作用的基础上实行经济计划，第二次世界大战结束后，法国在坚持市场调节的同时，建立并形成了一套指导性计划体制，开始对国民经济进行广泛而深入的计划干预；三是国家对国民经济的运行实行强有力的干预，法国政府对国民经济的干预在西方各市场经济国家中是最强的，这主要表现在法国政府通过掌握和支配大量的国民财富对国民经济进行深入、广泛的介入，这使它成为一种独特的市场经济模式。法国市场体制的这三个特点同样也深刻地影响了法国文化产业，使法国政府与文化企业、国有文化单位与私营文化企业、计划调节与市场调节有机地结合在一起，共同发挥着促进文化产业发展的作用。在法国国家主导型市场经济体制下，文化产业的发展也表现出国家主导与市场发展的双重特征，属于混合发展模式。

第三节　国内文化发展主要模式

我国是世界四大文明古国之一，悠久的历史留下了极为丰富的文化资源。但同时我国又是一个幅员辽阔，人口众多，各地自然条件、文化底蕴、思想观念、科学技术应用和经济发展水平大相径庭的国度，文化资源的不均衡分布和地区特性的差异使得我国的文化产业发展也呈现出不同的模式和特点，总体表现为东西部地区差距较大。从推动文化产业发展的主体角度，可分为市场推动模式和政府推动模式，从文化产业发展依托要素来看，可以分为资源带动模式和内容创意带动模式。

一、市场推动模式

东部沿海是我国率先进行改革开放的试点地区，也是我国经济最发达和市场化程度最高的地区，经过多年的发展，已形成了较为成熟的市场意识和相对完善的市场体系。这些有利条件形成了以市场为主导的东部地区文化产业发展模式。该模式的主要特点是民间资本活跃，各种文化资本在文化产业发展中作用突出，文化产业发展与市场经济结合紧密，文化资源和资本的配置主要通过市场手段实现，市场成为推动文化产业发展的主要推动力。如广州报业近年来形成了广州日报报业集团、羊城晚报报业集团和南方日报报业集团三大报业集团相互竞争的格局。东部地区开放的媒体环境和激烈的市场竞争不仅显著地提高了报业集团自身的生存能力,也为我国文化产业集团参与国际竞争集聚了资本和积累了经验。

二、政府推动模式

相对于东部而言,西部属于经济欠发达地区,由于地理位置偏僻,长期以来受历史观念、经济发展水平、基础设施建设、资金、人才以及科技实力等条件的影响和限制,文化消费市场不成熟,文化产业的市场化进程整体滞后于东部地区。在市场条件不充分的背景下,政府的推动作用不仅非常重要,有时甚至是最关键的因素。西部地区文化产业的发展,无论从资金投入、政策支持到市场培育,政府都扮演着非常重要的角色,从而形成了政府主导下的文化产业发展模式。如云南将建设民族文化产业大省作为全省三大发展战略之一,政府在政策、资金、人才等方面大力投入,使得云南省的文化产业突飞猛进。2005 年,云南省文化产业增加值达到 183.58 亿元,占全省 GDP 的 5.29%,使云南文化产业一跃成为全省支柱性产业。

三、特色文化资源带动模式

丰富的文化资源往往是文化产业发展的基础。无论是东部沿海地区还是中西部地区,都十分重视文化资源的开发利用,这也是我国目前文化产业模式中最常见的发展方式。中西部地区由于经济发展的滞后和地理位置的特殊性,常常保留了许多具有浓郁地方特色的原生态文化资源,这些资源由于地区独有和稀缺而成为文化产业发展的基础，从而形成以特色资源带动的文化产业发展的模式。如著名的"丽江模式"。1996年丽江发生7级大地震后，丽江人按照"原貌恢复，修旧如旧"和"切实保护古城的历史、文物和艺术价值"的原则，以当地丰富的文化资源为突破口，将丽江丰富的文化资源与当地旅游相结合，经过近十年的发展，丽江已经由一个典型的山、少、边、穷地区，正逐步发展成为一个"世界级精品旅游胜地"。

四、内容创意带动模式

与西部地区相比，东部地区整个经济社会发展水平比较高，东部沿海地区尤其是像上海这样的现代化大城市，由于人类的长期经济活动，历史文化资源明显不如中西部地区丰富，更缺少独特的少数民族文化资源，因此这些地区不能走依赖资源优势的文化产业道路，而是利用东部地区特有的区位优势和条件，以辐射型产业为特点，注重发展文化创意产业。这种创意带动型主要有两种方式，一是与高新技术相结合的内容创意设计，二是以提供文化服务为主的创意活动。数据显示，文化创意近年来在东部沿海城市越来越受到关注。如北京市着力打造"创意之都"，大力扶持与创意产业相关的新兴文化产业门类，提升文化产业层次与水平，通过几年的努力，朝阳区大山子的北京798艺术园区，已经成为北京最具发展潜力的创意园之一。天津河北区也启动了发展创意产业的整体规划，形成了创意天地、创意公社、创意工厂、创意人才等四大创意平台，逐渐成为天津文化创意产业的中心。上海则将"创意上海"作为发展目标，明显加大了对文化创意产业发展的步伐。

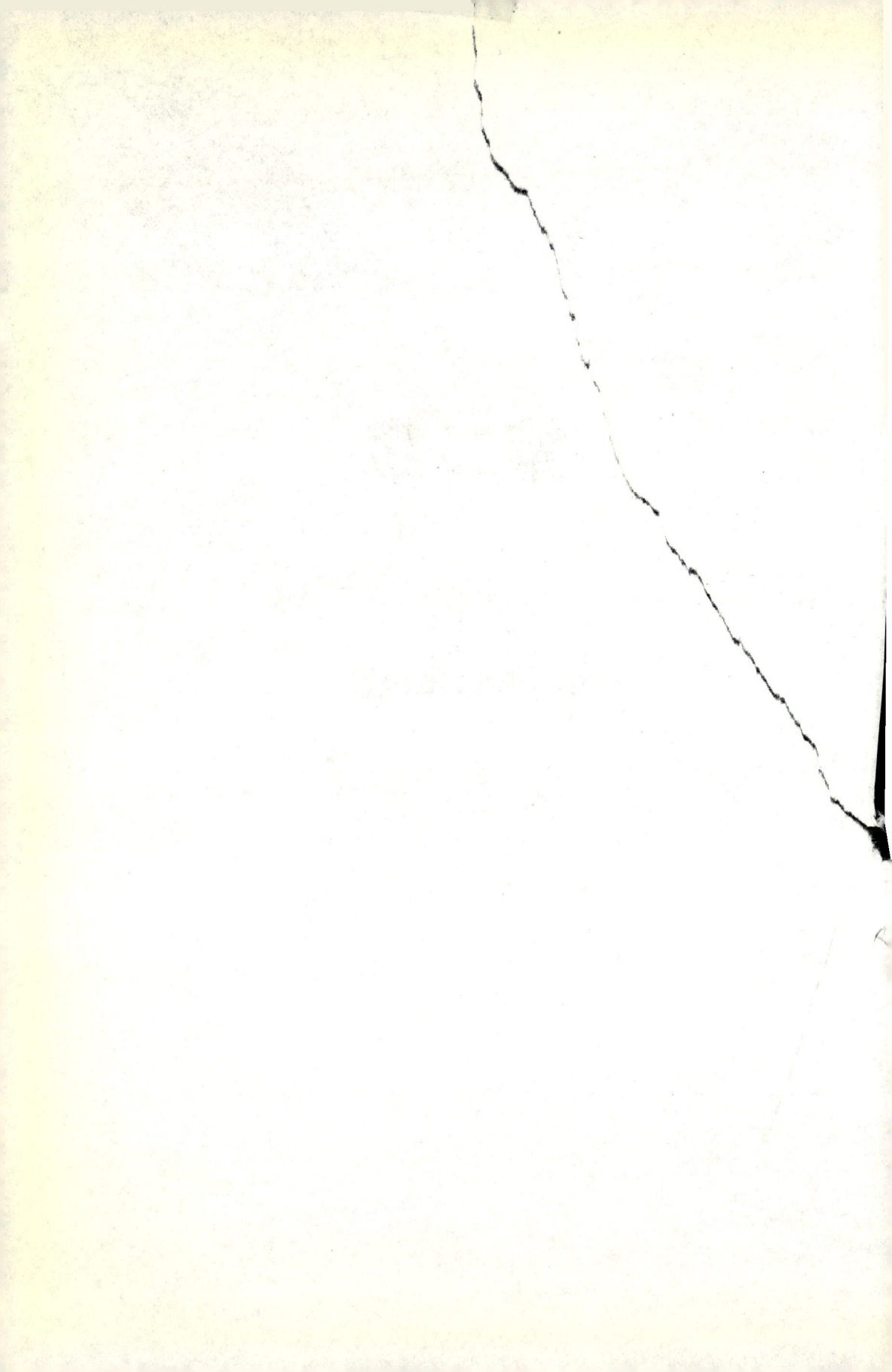

第二章

供给侧改革概述

首先，国外的经验证明，文化产业发展的好与坏，法律保护、政府支持是一方面，但最根本的是要以产业规律来经营文化产业，只有市场运作才是文化产业可持续发展的途径。发达国家的成功模式和经验值得西部地区借鉴和学习，但是由于国情、区情、经济基础、科技水平、资源特色的不同，我们不能照搬这些成功的模式，而是要总结这些模式背后的"成功元素"，加以吸收。发达国家文化产业发展的成功模式告诉我们：文化产业发展要成功，它没有固定模式，重在发挥相对优势。美国具有科技和资本优势，因此选择资本和科技主导型模式；法国具有文化资源优势，因此注重文化旅游的开发。其次，文化产业的发展不同于其他行业，它在发展初期会面临一定的瓶颈，因此政府不能仅仅作为裁判员，而要在一定程度上作为运动员身份参与到文化产业的发展中去，待时机成熟之后，又要回归到裁判员身份。因此对于西部地区而言，文化产业的发展不要人云亦云，摊大饼式地发展文化产业，而是要准确定位好自己的相对优势，选择好文化产业项目。大城市可以尝试综合开发，集群式发展模式；区域之间规避恶性竞争，采用协同创新的发展模式；特色资源突出的地区应采用特色项目带动、特色资源开发的模式。总之，只有因地制宜、发挥相对优势的发展模式才是适合西部地区的发展模式。

第一节　供给侧改革的基本要求

一、"供给侧改革"的概念及提出原因

（一）"供给侧改革"的概念

所谓"供给侧改革"即"在适度扩大总需求的同时，着力加强供给侧结构性改革，着力提高供给体系质量和效率，增强经济持续增长动力"。其内涵在于从刺激需求端，回归到增长本源创新，强调制度供给，构建发展新体制，以期通过供给端发力破除增长困境，释放增长红利，强调在供给角度实施结构优化、增加有效供给的中长期视野的宏观调控。

需求侧管理认为需求不足导致产出下降，所以拉动经济增长需要"刺激政策"（货币和财政政策）来提高总需求，使实际产出达到潜在产出。供给侧管理认为市场可以自动调节使实际产出回归潜在产出，所以根本不需要所谓的"刺激政策"来调节总需求，拉动经济增长需要提高生产能力即提高潜在产出水平，其核心在于提高全要素生产率。供给侧结构性改革旨在调整经济结构，使要素实现最优配置，提升经济增长的质量和数量。

（二）"供给侧改革"的提出原因

1. 供需不匹配

一直以来人们都以为是需求不足，所以用需求学派观点采用刺激需求政策拉动经济增长，但实则是"供给跟不上需求"。打个比方，现在热门的"海淘"，还有之前中国人去日本买马桶盖、纸尿裤等新闻，难道是我们中国没有这些产品吗？显然不是，相反，很多这些产品还是"made in China"。为什么人们会不惜重金、不嫌麻烦去国外买这些东西？另外，中国手机厂家那么多，而苹果手机却大受国人追捧。究其原因，是产品质量跟不上，这正是我国长期忽视"供给侧"导致的。

2. 消化过剩产能提速

过剩产能已成为制约中国经济转型的一大包袱。产能过剩企业会占据大量资源，使得人力、资金、土地等成本居高不下，制约了新经济的发展。当前多个行业、多个地区的产能过剩正引起各方的担忧，可能引发通缩、失业、经济动力不足等一系列风险。

3. 服务业黄金时代到来

服务业是未来中国经济和社会的双重稳定器。一方面维持经济增长，另一方面提供就业岗位。第三产业每增长1个百分点能创造约100万个就业岗位，比工业多50万个左右。对政府保持经济增长和稳定就业的重要性不言而喻。而当下服务业发展的根本瓶颈不是需求不足，恰恰是供给不足。在教育、医疗、金融、旅游等领域，一方面国内抱怨声不断，另一方面大批消费者源源不断地到国外消费。

究其缘由，这跟国内服务业供给侧的乏力有关。

二、对供给侧改革现状的反思

"供给侧改革"是 2015 年年末以来中国经济与社会生活中的热词。2015 年 12 月闭幕的中央经济工作会议指出，推进供给侧结构性改革，是适应和引领经济发展新常态的重大创新，是适应国际金融危机发生后综合国力竞争新形势的主动选择，是打造经济升级版的客观要求。实际上，2008 年世界金融危机之后，学界已经开启对传统经济学理论框架和宏观调控以"需求管理"为主的实践经验的反思与"理论联系实际"的创新努力，引发了对"供给管理"调控与供给侧结构性改革及"新供给经济学"理论创新前所未有的重视。结合中国经济现实，在认识、适应和引领经济"新常态"的现阶段，迫切需要注重供给侧建构经济增长的新动力机制，并以相关的政治经济学基础理论层面的创新支持科学决策，优化政策设计。传统需求侧"三驾马车"框架所强调的消费、投资和出口的需求，应联通至消费、投资和出口的供给，其中蕴含着由需求侧"元动力"引发的供给侧响应、适应机制，即其相关的要素配置和制度安排动力机制的优化问题，并合乎逻辑地以政府理性的供给管理优化推动"规划先行、多规合一"的顶层规划的功能实现，进一步释放微观主体潜力，激活中国经济的增长空间。这些又必须对接党的十八大以来十八届三中、四中、五中全会的通盘部署，包括在供给侧已清晰呈现的制度供给路径，具体表现为从现代国家治理、现代市场体系、现代财政制度到现代政治文明所形成的重要逻辑联结。我们认为，供给侧改革是理论密切联系实际的创新，是问题导向下引领新常态的动力体系再造创新，是通盘规划的系统工程式全局长远创新，是以改革为核心、以现代化为主轴攻坚克难的制度供给创新。

供给侧改革是理论密切联系实际的创新。理论一定是要服务现实的，但理论自有其超越片段现实、局部现实的规律认知追求，和高于一般经验、直觉的指导性品质，这才构成了理论服务现实的价值之所在。我们与一批同道者共同努力构建的新供给经济学，在把握"融汇古今、贯通中西"的全球眼光和历史视野基础上，又切切实实根植于中国经济实践的诉求，认为"供给管理"与"需求管理"不可偏废一方，并将所受到的制度经济学、发展经济学、转轨经济学的启迪与影响，一并纳入理论体系框架，其在迎接党的十八大和十八届三中、四中、五中全会的背景之下，提出的从供给侧发力应对现实挑战、破解瓶颈制约的整套认识、建议，绝非为创新而创新，绝非可简单贴标签的"主义"或"流派"，而是理论密切联系实际的创新，具体可从新供给经济学研究群体已做出的"三破""四立"认识及已提出的系统化的政策主张3个方面，作概括总结。

（一）新供给并非供给学派的简单复辟

以往主流经济学的认知框架是不对称的。古典经济学、新古典经济学和凯恩斯主义经济学存在着一种共同的失误——虽然他们各自注重了不同的角度，都有很大的贡献，但是共同失误却又不容回避——就是他们在理论框架里假设了供给环境，然后更为强调的只是需求侧的深入分析和在这方面形成的政策主张，存在着忽视供给侧的共同问题。西方代表经济学主流的教科书，无论是在"政治经济学"这个概念下，还是发展到"经济学"（或称理论经济学）的表述，至今仍然存在着与实践"言行不一"的缺点。美国等发达市场经济在应对危机的实践中，实际上是跳出经济教科书来实行了一系列区别对待的结构对策和供给手段的操作，这些在经济学教科书中找不到清楚依据，在运行中却往往得到了特别的倚重与强调，产生了足以影响全局的决定性作用。

新供给经济学强调，经济学基本框架需要强化供给侧的分析和认知，这样一个始发命题或可说源于萨伊的古典自由主义定律，并在新时代、新经济、新兴市场的背景下，被赋予弥补片面注重需求管理之缺陷的新思想。此外，还正视现实强化针对性，在肯定其理论模型意义的基础上扬弃"完全竞争市场"这样与现实环境大相径庭的假设，注重还原资源配置中"非完全竞争"的真实场景，力求以此为基础来扩展模型和洞悉现实。当然，新供给经济学也不认同如美国"供给学派"所主张的那样简单退回到古典自由主义或新自由主义所倡导的自由放任时代，而是认为优化资源配置的客观要求是强调市场、政府各有所为，并主张考虑第三部门的多主体与两者的良性互动，并特别强调对制度供给的认识与重视，将各种要素的供给问题纳入紧密相连于制度供给问题的分析体系。这一系列思想观点，落实到中国的实践层面，就是要强调以改革为核心，从供给侧发力推动新一轮制度变革创新和加快发展方式的转变与升级。

虽然需求具有原生动力性质，但是供给侧升级换代的演变却可以决定生产和经济发展的不同阶段。在人类社会经济发展大的划分上，有石器时代、青铜时代、铁器时代，工业革命后走到了蒸汽时代、电气时代、信息时代，这些都是在供给侧由递进的不同升级换代形式所决定的时代划分，每一次产业革命的爆发都同时伴随着、实际肇源于供给侧的创新，而每一次供给侧的创新实际上又都直接提升着人类物质需求的满足度。

特别值得注意的是，新供给经济学所强调的时代进步与我们置身其中的后发经济的追赶—赶超密切相关。基于后发优势所强调的技术模仿、技术扩散带来的红利，发展中经济体可以实现经济高速发展，且随着技术差距的缩小，势必呈现出红利收敛的趋势，这种收敛压力放在新供给经济学所强调的供给侧观察视角下，应当是在每一次供给侧创新完成之后的一个稳定时期中，追求随着技术革命开启新的时代，这种追赶势必也将随之掀起新的发展浪潮。制度供给所带来的改革红利，除了能够降低经济增长和发展中的成本，还是新技术发明创造的首因，是中国这样的后发经济体赶上甚至超前于先发经济体的时代进步的关键。

沿着经济学理论的发展脉络，"供给侧"学派呈现了"萨伊定律—凯恩斯主义—供给学派兴起—凯恩斯主义复辟—供给管理"这样两轮"否定之否定"的发展轨迹。21世纪渐具形态的"供给管理"以美国在宏观调控中的应用为例而影响可观，但实际上处于刚刚揭开序幕、方兴未艾之阶段。因此，中国供给侧结构性改革恰逢学界的"供给侧"经济学又一轮形似复辟的浪潮，其不是贴标签式地选择新概念，不是否定需求侧和简单搬用美国供给学派以减税为主的思路，而是实行承前启后、继往开来、理论密切联系实际的创新，借鉴中外所有需求管理、供给管理的有益经验、又侧重于供给体系建设的系统工程。

(二)"三破"：破偏颇，破脱节，破滞后

从世界金融危机和中国改革开放的现实生活经验层面考察，人们普遍发问：为什么经济学家对于"千年之交"后震动全球的金融危机既无像样的预测，又无有效、有力的经济学解说与对策思路框架？如何以经济学理论总结分析各经济体在应对各种危机的成败得失，特别是如何阐释中国的不凡发展与艰巨转轨进程？众多研究者认为：经济学理论迄今已取得的基本成果亟待反思。这一中外人士反复提到的挑战性问题可以归结为经济学理论所需要的、在新供给研究中已致力做出的"破"，这至少集中于如下三大方面。

第一，主流经济学理论认知框架的不对称性。古典经济学、新古典经济学和凯恩斯主义经济学虽然各自强调不同的角度，都有很大的贡献，但是共同的失误又的确不容回避，即他们都在理论框架里假设了供给环境，然后主要强调的只是需求侧、需求管理的深入分析和这方面形成的政策主张，都存在着忽视供给侧、供给管理的共同问题。最近几十年有莫大影响的"华盛顿共识"，理论框架上是以"完全竞争"作为对经济规律认知的假设条件，但是回到现实，即联系实际的时候，并没有有效地矫正还原，实际上拒绝了在供给侧做深入分析，在这样一个重要领域存在明显不足。世界头号强国美国前几十年经济实践里,在应对滞胀的需要和压力之下应运而生的供给学派是颇有建树的,其政策创新贡献在实际生活里产生了非常明显的正面效应,但其理论系统性应该说还有明显不足,他们的主张还是长于"华盛顿共识"框架之下、在分散市场主体层面怎样能够激发供给的潜力和活力,但弱于结构分析、制度供给分析和政府作为分析方面的深化认识——因为美国不像中国这样的经济体有不能回避的如何解决"转轨问题"与"结构问题"的客观需要,也就自然而然地难以提升对供给侧的重视程度。相比于指标量值可通约、相对易于建模的需求侧,供给侧的指标不可通约而千变万化,问题更复杂、更具长期特征和"慢变量"特点,更要求结构分析与结构性对策的水准,更不易建模,但这并不应成为经济学理论可长期容忍其认知框架不对称的理由。

第二,经济学主流教科书和代表性实践之间存在的"言行不一"。美国等发达国家的市场经济在应对危机的实践中,关键性的、足以影响全局的操作,首推他们跳出主流经济学教科书来实行的一系列区别对待的结构对策和供给手段的操作,这些在他们自己的教科书里面也找不出清楚依据,但在运行中却往往得到了特别的倚重与强调。比如,美国在应对金融危机中真正解决问题的一些关键点上,是教科书从来没有认识和分析过的"区别对待"的政府注资,美国调控当局一开始对雷曼兄弟公司在斟酌"救还是不救"之后,对这家150多年的老店任其垮台,而有了这样的一个处理后又总结经验,再后来对"两房"、花旗,一直到实体经济层面的通用公司,就分别施以援手,大量公共资金对特定主体的选择式注入,是一种典型的政府区别对待的供给操作,并且给予经济社会全局以决定性的影响。然而,如此重要的实践,迄今还基本处于与其经典学术文献、主流教科书相脱离的状态。

第三,政府产业政策等供给侧问题在已有经济学研究中的薄弱和滞后。比如,在经济发展中"看得见摸得着"的那些"产业政策"方面,尽管美国被人们推崇的经济学文献和理论界的代表人物均对此很少提及,但其实美国的实践可圈可点,从20世纪80年代《亚科卡自传》所强调的重振美国之道的关键是"产业政策",到克林顿主政时期的信息高速公路,到近年奥巴马国情咨文所提到的从油页岩革命到3D打印机,到制造业重回美国,到区别化新移民和新兴经济等一系列的亮点和重点,都不是对应于教科书的认知范式,而是很明显地对应于现实重大问题的导向,以从供给侧发力为特色。不客气地说,本应经世致用的经济学理论研究,在这一领域,其实是被实践远远抛在后面的"不够格"状态。

三、供给侧改革的基本要求

有了上述反思之"破"而后,我们强调,必须结合中国的现实需要,以及国际上的所有经验和启示,以更开阔的经济学理论创新视野,考虑我们能够和应当"立"的方面。"四立":立框架,立原理,立融合,立体系。

(一)经济学基本框架需要强化供给侧的分析和认知

经济学基本框架需要强化供给侧的分析和认知。这样一个金融危机刺激之下的始发命题，需要更加鲜明地作为当代学人"理论联系实际"的必要环节和创新取向。在基础理论层面我们强调，应以创新意识明确指出人类社会不断发展的主要支撑因素，从长期考察可认为是有效供给对于需求的回应和引导，供给能力在不同阶段上的决定性特征形成了人类社会不同发展时代的划分。需求在这方面的原生意义当然不可忽视，但对于有效供给对需求引导方面的作用过去却认识不足。我们从供给能力在不同阶段特征上的决定性这样一个视角，强调不同发展时代的划分和供给能力以及与"供给能力形成"相关的制度供给问题，具有从基础理论层面生发而来的普适性，也特别契合于在中国和类似的发展中国家怎样完成转轨和实现可持续发展方面的突出问题。回应和解决这个视角上的问题，其实也包括那些发达经济体怎样在经历世界经济危机冲击后更好地把理论服务于现实需要。在现实生活中，关键是在处理"要有产品与服务满足消费"的需求侧问题的同时，解决"生产什么"和"如何生产"的供给侧问题——尤其是"制度供给怎样优化"的问题。这种把需求与供给紧密联系起来的研究，在人类经济社会发展实践中正在日益凸显其必要性和重要性。

（二）正视现实，加强经济基本理论支点的有效性和针对性

正视现实，加强经济基本理论支点的有效性和针对性。比如"非完全竞争"，应作为深入研究的前提确立起来，因为这是资源配置的真实环境，牵涉大量的供给侧问题。过去经济学所假设的"完全

竞争"环境，虽带有大量理论方面的启示，但它毕竟可称为一种1.0版的模型。现在讨论问题，应放在非完全竞争这样一个可以更好反映资源配置真实环境、涵盖种种垄断竞争等问题的基点上，来升级、扩展模型和洞悉现实。需求分析主要处理总量问题，指标是均质、单一、可通约的，但供给分析要复杂得多，处理结构问题、制度构造问题等，指标是非单一、不可通约的，更多牵涉到政府—市场核心问题这种基本关系，必然在模型扩展上带来明显的挑战和非比寻常的难度，但这是经济学创新与发展中绕不过去的重大问题。更多的中长期问题和"慢变量"问题，也必然成为供给侧研究要处理好的难题。过去经济学研究中可以用一句话打发掉的"'一般均衡'或'反周期'调控中可自然解决结构问题"，我们认为有必要升级为在非完全竞争支点上的一系列并非完全自然演变过程而有待加入供给侧能动因素做深入开掘的大文章。

（三）市场、政府、非营利组织应各有作为并力求合作

市场、政府、非营利组织应各有作为并力求合作，这也是优化资源配置的客观要求。在明确认同市场总体对资源配置的决定性作用的前提下，我们还需要有的放矢地来讨论不同的主体——即市场和政府，还有"第三部门"（非政府组织、志愿者、公益团体等），它们在优化资源配置方面可以和应该如何分工、合作、互动。在不同的阶段和不同的领域，不同主体的分工、合作、互动的选择与特点又必有不同。由分工、失灵到替代，再由替代走向强调"公私合作伙伴关系（PPP）"式的合作，反映了人类社会多样化主体关系

随经济发展、文明提升而具有的新特征、新趋势。

（四）制度供给应充分地引入供给分析

制度供给应充分地引入供给分析而形成有机联系的一个认知体系。新供给经济学认为，"物"和"人"这两个视角在供给侧应该打通，各种要素的供给问题和制度供给问题应该内恰于一个体系，发展经济学、制度经济学、转轨经济学、行为经济学等概念下的研究成果，需要加以整合熔于一炉。通过这样的"立"来回应转轨经济和中国现实的需求，形成的核心概念便是我们在理论的建树和理论联系实际的认知中，必须更加注重"理性的供给管理"。在中国要解决充满挑战的现代化达标历史任务，必须特别强调以推动制度和机制创新为切入点、以结构优化为侧重点的供给侧的发力与超常规的"追赶—赶超"长期过程。我们应有最为宽广的视野，最为开阔的心胸，把人类文明发展在经济学及相关学科领域的一切积极成果，集大成式地形成科学体系，把供给侧"物"的生产力要素供给的分析认识与"人"的生产关系制度因素的分析认识内恰地、有机地结合在"认识世界，改变世界"的人类社会进步努力之中。"生产力决定生产关系"是规律，"生产关系反作用于生产力和释放生产力"也是规律——对于转轨中的中国，深刻认识理解前者，就要认识、尊重和敬畏市场，坚持经济建设为中心的发展硬道理不动摇；深刻认识理解后者，就要在坚持市场取向改革，让市场总体上在资源配置中充分发挥其决定性作用的同时，处理好"政府更好发挥作用"的挑战性问题，以供给侧结构性改革"守正出奇"地提升经济发展中整个供给体系的功能、质量和效率。

新供给经济学研究中涉及的以上这些"破"和"立"绝不意味着我们就可以忽视需求方面的认识——"需求管理"的认识在已有的经济学理论成果中已经相对充分,我们希望在供给这方面更丰富地、更有针对性地提高认识框架的对称性。这样的认识落到中国经济学人所处的现实中间,必然合乎逻辑地特别强调要"以改革为核心",从供给侧入手推动新一轮"全面改革"时代的制度变革创新。这是有效化解矛盾累积和"滞胀""中等收入陷阱""塔西佗陷阱"和"福利陷阱"式的风险、实现中国迫切需要的方式转变与可持续健康发展而直通"中国梦"的"关键一招"和"最大红利所在"。我们的研究意图和可能贡献,是希望促使所有可调动的正能量,把重心凝聚到中国迫在眉睫的"党的十八届三中全会、四中全会、五中全会之后新一轮改革如何实质性推进"这一问题上,以求通过全面改革和理性的供给管理,跑赢矛盾与危机因素的积累,化解隐患叠加的风险,破解中长期经济增长、结构调整瓶颈,从而使"中国梦"的实现路径可以越走越宽、越走越顺。

第二节 供给侧改革的性质及其实现方式

供给侧结构性改革是当下时政热点话题。在2015年11月10日召开的中央财经领导小组第十一次会议上，习近平总书记首次提出要"着力加强供给侧结构性改革"；2015年12月18日—21日召开的中央经济工作会议明确了"去产能、去库存、去杠杆、降成本、补短板"五大任务；2016年1月26日召开的中央财经领导小组第十二次会议研究供给侧结构性改革方案，供给侧改革即将进入具体实施阶段。本书从政府宏观经济管理政策变化的角度理解供给侧改革的性质；从当前我国经济发展中的供需失衡分析供给侧改革的原因；从市场和政府的角度探讨供给侧改革的实现方式。

一、供给侧改革意味着我国宏观经济管理政策发生两个方面的重要调整

供给和需求是经济活动的两大主要因素。在宏观经济中，需求是指最终产品的去向，包括消费、投资和出口，即通常所谓的"三驾马车"。供给是指生产环节，包括最终产品的生产和中间产品的生产，是自然资源、劳动力、资本和技术等生产要素的组合与配置。在经济增长中，供给和需求相辅相成，互为条件。没有需求的供给和没

有供给的需求都无法实现持续的经济增长。没有需求的供给通常会导致产能过剩、库存积压；没有供给的需求通常会导致通货膨胀。供给和需求的有机组合和均衡配置才能保障经济活动的顺利进行，实现经济的持续增长。

（一）供给管理和需求管理

为保障经济的长期增长和减缓短期波动，政府对经济的干预主要包括供给管理和需求管理。需求管理的理论基础是凯恩斯（John Maynard Keynes）的"有效需求不足理论"以及由英国现代著名经济学家希克斯（John Richard Hicks）和美国凯恩斯学派的创始人汉森（Alvin Hansen）发展起来的IS-LM模型，认为经济不景气（recession）的主要原因是有效需求不足，导致实际产出小于充分就业状态下的潜在产出，经济面临就业压力。相应的需求管理是通过实施扩张性的财政政策和（或）货币政策扩大总需求，使实际产出回归到潜在产出水平，增加就业。相反地，经济过热的主要原因是总需求大于该时期内的生产能力，实际产出大于潜在产出，使经济面临通货膨胀压力。相应的需求管理是通过实施紧缩性的财政政策和（或）货币政策压缩总需求，缓解通货膨胀压力，避免投资过热后的经济衰退。总之，需求管理的核心就是"削峰平谷"，减缓短期经济波动，避免经济增长出现"过山车式"的大起大落。自1936年《就业、利息和货币通论》出版始，凯恩斯主义风靡全球，主导经济学领域和宏观经济政策30多年。

供给管理通常被认为是作用于潜在产出、促进经济增长的长期政策，而非应对经济周期的短期宏观调控政策。因为总供给决定于一个经济可供利用的资源总量和技术水平，而这两者在短期内都难以发生大的变化，无法作为短期调控的变量。诚然，一个经济的自然资源、劳动力、资本、技术等生产要素在短期内可能无法发生较大的改变，但生产要素的利用效率及其在各生产部门间的配置却是可以随时变化的。政府可以通过体制机制改革和政策调整来改变要素所有者面临的激励约束条件和生产组织方式，从而提高生产要素的利用效率和优化生产要素的配置结构，并以此应对经济周期问题。可见，供给管理可以作为短期宏观调控手段。比如，20世纪70、80年代，美、英经济相继陷入滞胀，扩大需求在推动经济增长的同时可能会加剧通货膨胀。面对这一"两难"选择，"里根经济学"和"撒切尔主义"分别采用减税和国企改革等"供给侧改革"措施，以应对短期经济衰退问题。2008年全球金融危机引发经济学界对凯恩斯主义的再次质疑。在此轮金融危机的救市政策中，实际上，美国是从供给侧进行"区别对待"的政策操作和结构性调整，而不是局限于总需求管理。

（二）供给侧改革下我国宏观经济管理政策发生两个方面的重要调整

在我国，实际上供给管理长期存在，只是其方式和手段存在问题。在计划经济体制下，政企合一，政府通过计划主管部门（计委）向生产部门下达投资、产量和价格等"指令性"计划的方式影响国民经济供给体系，即通过行政手段实施供给管理。经过30多年经济体制市场化改革，政企分开，企业成为自主经营、自负盈亏的市场经济主体。但是，政府通过行政手段干预微观经济主体行为，进而影响供给体系的格局并没有消除。不管是在长期经济增长中还是在应对短期经济波动中，通过行政手段的供给管理仍发挥着重要作用。当然，市场经济条件下，政府在宏观经济管理特别是在应对短期经济波动的宏观调控中引入了需求管理政策。比如，2008年面临全球金融危机和经济衰退，我国政府出台了以"四万亿"瞩世的一揽子经济刺激方案。2012年以来，政府坚持采取"积极的财政政策"和"稳健的货币政策"的松紧搭配需求管理政策。

从实践效果看，经济增长始终面临严峻的下行压力，GDP 增速由 2011 年的 9.5%下降到 2014 年的 7.3%，2015 年的增速进一步下降到 6.9%。在这样的背景下，中央密集强调要"着力加强供给侧结构性改革"就意味着对经济形势有了新的认识，认为矛盾的主要方面是供给侧。因此，供给侧改革意味着我国宏观经济管理政策发生两个方面的重要调整：一是供给管理将成为宏观经济管理的政策重点，既利当前又利长远的供给侧结构性改善和效率提升，是今后的主攻方向；二是改变过去行政化的供给管理手段，注重体制机制改革和政策调整，用改革的办法矫正要素配置扭曲，提高生产效率和优化供给结构。

二、供给侧改革缘于我国经济存在三个方面的供需失衡

凯恩斯主义需求管理隐含的前提假设是国民经济的供给体系不存在问题，而问题在于总需求不足。把供给管理作为宏观经济管理的

主攻方向，表明我国经济增长的主要问题出在供给侧，存在资源配置扭曲，无法满足新常态下需求。即存在供需失衡，通过刺激需求难以解决问题，甚至会使矛盾恶化。当前我国经济供需失衡主要表现在三个方面：一是有供给无需求，二是供应的低效率抑制有效需求，三是有需求无供给。

（一）有供给无需求

没有需求的供给必然导致产能过剩，表现为生产设备闲置或者产品库存积压。当前，我国钢铁、水泥、火电、煤炭、有色金属、炼油等诸多行业面临着严重的产能过剩。以电力行业为例，截至2015年底，我国电厂发电设备容量超过15亿千瓦，但全国6000千瓦及以上电厂发电设备累计平均利用小时仅为3969小时，同比减少349小时，其中火电设备平均利用小时为4329小时，同比减少410小时。有些地区（如云南）的火电设备全年利用小时数仅1000多小时。大量设备闲置造成资源极大的浪费。同时，制约了生产成本和产品价格的下降空间，导致较高的经济社会发展成本，影响国家竞争力。

按照凯恩斯主义需求管理原理，可以通过刺激消费和投资的方式扩大需求，以解决产能过剩问题。但是，我国当前经济两个方面的现实情况决定了需求管理难以解决产能过剩问题，甚至会使问题更严重。第一个方面是经过十多年的重化工业加速发展后，我国经济发展进入工业化后期，基础设施建设进入饱和期，未来基础设施建设将进入缩减期，不可能再有大规模的基础设施建设，这决定了钢铁、水泥、有色金属等行业的产能过剩不是周期性的问题，而是"拐点式"的问题。在这样的情况下,刺激需求可能会进一步加剧这些行业产能过剩的矛盾,错失经济结构调整的最佳时机。第二个方面是我国环境承载能力已达到或接近上限,面临国内大气污染防治和国际社会应对全球气候变化的双重压力。如果不首先改变高耗能、高污染的粗放型经济发展方式,刺激需求会加剧经济增长与生态环境之间的矛盾,也与人们日趋增长的清洁空气需求相矛盾。因此,只能通过供给侧结构性改革而不是刺激需求来化解产能过剩。比如,受新常态下经济增速放缓和经济结构调整影响,煤炭消费在2013年达到42.4亿吨的高值后已经连续两年回落,在国内大气污染防治和国际社会应对全球气候变化要求碳减排的双重压力下,未来煤炭难以再有增长空间。在这样的背景下,政府自然不能通过刺激需求化解数以10亿吨计的煤炭产能过剩,必然要求通过供给侧结构性改革来解决产能过剩问题。

（二）供给的低效率抑制有效需求

当前,我国已经进入"中上等收入水平"的国家行列,市场需求空间广阔。但是,供给体系的低效率抑制了有效需求,特别是有些领域价格居高不下抑制了有效需求的释放。比如,天然气作为清洁能源,本应在能源结构优化中发挥重要作用,但是由于价格机制和进口、流动体制上的问题,我国与国外能源企业签订的"照付不议"高价格进口的天然气给自己套上了沉重的枷锁。在国际上天然气价格大幅度下降的情况下,低价格的液化天然气无法进入国内市场,造成目前国内天然气终端价格较高,与煤炭、石油等比较不具有竞争力，结果是天然气消费广阔的市场空间始终未能打开，形成低水平的供大于求的格局。再如，房地产市场，一方面存在大量的商品房库存，另一方面却有大量的住房需求得不到满足。究其原因，高企的房地产价格抑制了城镇居民住房的有效需求。针对产品高价格抑制有效需求不足的问题，显然难以通过刺激需求来解决，而应该通过改善供给体系的效率，降低产品价格，从而释放有效需求。

（三）有需求无供给

有需求无供给的领域是我国产业体系的短板。在消费领域，新常态下传统的模仿型排浪式消费阶段基本结束，个性化、多样化消费渐成主流。但是，我国低质量的供应体系难以满足日渐精细化对高品质产品和高端服务的需求。一方面，在国内各大商场、超市充斥的降价打折的商品无人问津；另一方面，对于国外商品的消费和出境的消费却在激增。在投资领域，高端制造、高科技产品和精细化高效发展的配套体系等方面存在明显的缺陷。比如，近年来我国的风电、光伏发电等取得了大规模的发展，但是其中的关键技术仍需要依赖进口。此外，我国能源系统中的抽水蓄能和燃气电站等优质调峰机组、天然气储备设施等都存在较大的供给不足，用户侧响应和需求侧管理等更是供给方面的短板。针对有需求无供给的问题，迫切需要从供给侧补短板，重视发展高端制造业和高端服务业，重视推动技术创新和产业精细化高效发展。这既有利于当前刺激经济增长，也有利于长远地推动我国产业转型升级。如果不是从供给侧改革入手，在有需求无供给的情况下进一步刺激需求，刺激需求只能是刺激他国的需求，促进他国经济增长，同时还会加剧供需不平衡矛盾，增加进口成本。

三、供给侧改革要发挥市场的决定性作用

中共十八届三中全会明确指出："市场决定资源配置是市场经济的一般规律，健全社会主义市场经济体制必须遵循这条规律。"供给侧改革的本质是通过自然资源、劳动力、资本和技术等生产要素的再组合、再配置，重塑我国产业体系，推动社会生产力水平实现整体跃升。而生产要素的再配置必然要求发挥市场在资源配置中的决定性作用，生产要素从哪些部门退出、向哪些部门流动应该主要由市场供求关系决定，而不是由政府有形之手来指挥。

（一）"过剩"的原因

我国当前存在的供需失衡在很大程度上是由政府失灵导致的。以电力行业为例，在现行的体制机制下，电厂的投资建设由中央或者地方投资主管部门审批。市场需求千变万化，投资主管部门难以掌握充分的市场需求信息，容易导致供应能力建设与市场需求相互脱节。2003—2004年严重的电力短缺到当前严重的电力过剩一再证明政府主导投资必然会发生政府失灵，导致市场供需失衡，投资应该由市场主体根据市场需求的变化自主决定，实时调整。另外，更为严重的是，在电力的生产和运行中，政府也发挥着决定性的作用，集中体现在电量和发电利用小时数的计划性分配上。政府运行主管部门通常是根据各发电企业的装机容量规模"公平地"分配电量，这种运行机制造成严重的扭曲。发电企业为了更多地分到发电量指

标，竞相加大投资建设力度，扩大装机容量规模，即使是在发电设备容量已经严重过剩的情况下。这是当前电力行业特别是火电领域产能严重过剩的根本原因。

（二）发挥市场决定性作用的必要性

供给侧改革首先是要破除生产要素优化配置的体制机制障碍，纠正微观经济主体所面临的激励约束的扭曲。应该说，方向是很明确的，那就是转变政府职能，改变政府管理方式，减少政府干预，由企业根据市场供求关系自主决定投资建设、生产运行。当前，有一种政策倾向是通过政府投资主管部门的核准手段来解决经济结构调整问题，对于产能过剩领域的投资项目不予核准，对于未来产业发展方向的投资项目给予核准。这种方式看起来似乎很理想，且手段是强有力的，但问题是，政府投资主管部门怎么知道哪些产业甚至哪些企业是需要淘汰的，哪些符合未来发展方向呢？理论上讲，如果政府投资主管部门知道产业的发展方向，就不应该出现当前供需失衡的格局。因此，试图通过投资审批的手段来调整经济结构，无异于"以毒攻毒"，以一种新的扭曲来替代旧有的扭曲，无法满足供给侧结构性改革的要求。

四、供给侧改革要从三个方面完善政府职能

如果说破除体制机制障碍、使市场在资源配置中起决定性作用是优化生产要素配置、提高供给体系质量和效率的根本要求，那么，更好发挥政府作用、完善供给管理方式则是供给侧结构性改革的重要内容。传统上，我国政府对产业体系的管理手段比较单一，主要

通过行政手段直接干预微观经济主体的行为。而在市场经济条件下，政府影响产业体系的方式主要包括三种：一是政策引导，二是监管约束，三是公共服务。从这三个方面完善政府职能是推进供给侧改革的必然要求和重要内容。

（一）政策引导

政策引导是指政府通过特定的政策间接影响微观经济主体的行为，以实现特定的政策目标，主要是财政方面的税收或补贴政策。税收或补贴政策通过影响微观经济主体所面临的激励边界条件而间接影响企业行为。根据英国新古典经济学家庇古的理论，对于具有负外部性的行为，政府应该通过征税的方式避免具有负外部性的行为超过社会福利最大化的水平；相反地，对于具有正外部性的行为，政府应该通过补贴的方式使之符合社会福利最大化的水平。我国长期以来，片面追求经济高速增长和工业化、城镇化快速推进，而对于经济社会发展过程中的一些外部性问题则重视不够，其中最为突出的是环境污染问题。时至今日，我国仍未对环境污染征税，以至于企业生产过程中环境污染物排放所产生的外部性社会成本没有内部化。这种激励上的扭曲造成的结果必然是环境的过度污染。我国当前大范围的雾霾天气已经验证了这一点。为实现生产要素的优化配置，推进供给侧结构性改革，要求政府在市场配置资源的基础上积极发挥财政政策引导功能，以解决外部性问题。其中，一个重要方面是征收环境污染税和碳税，构建清洁低碳的现代产业体系，以应对日趋严峻的大气污染防治和应对气候变化问题。

(二) 监管约束

监管主要通过制定规则、标准并监督执行的方式来约束企业与个人行为，规范市场与社会秩序，以解决市场失灵问题，实现特定的政策目标。换言之，监管是政府为实现理想的经济社会目标，规定微观经济主体应该做什么或者不应该做什么，是对微观经济主体行为的直接干预。在发达市场经济国家，监管手段主要用于解决自然垄断问题，环境、安全、健康等负外部性问题，以及由于信息不对称导致的市场失灵等。尽管监管是对微观经济主体行为的直接干预，但不同于传统的行政手段，监管是从公共利益出发依据公开透明的规则所进行的，而不是一种内部协调。我国传统的计划经济转型到市场经济的过程中，在监管方面存在三个方面的问题：一是监管过度，即政府仍管着不该管的，特别是竞争性领域的投资和价格方面；二是监管不足，即政府该管的没管，特别是在打破传统的内部行政协调后，在市场交易秩序和环境、安全、质量和健康等方面的社会性监管方面严重缺失，结果是企业"野蛮生长"；三是监管体系不健全，特别在对自然垄断环节的监管方面，监管职能割裂，管价格的不管投资、管投资的不管运营、管运营的不管质量、管质量的不管成本、管成本的不管价格。相应地，为更好发挥监管约束的作用以推进供给侧结构性改革，要求政府"放管结合"，在放开竞争性领域经济性监管的同时，加强社会性监管，并建立健全现代监管体系，加强市场准入、价格、投资、成本、服务质量和市场交易规则等方面的系统性监管职能，实现精细化管理。

（三）公共服务

公共服务是指由政府来做那些企业所不愿意做或者无法做到的涉及整个行业层面的事情，主要包括具有公共品性质和正外部性的事务。公共服务不足是我国当前经济管理中政府职能的一个短板，特别是在具有很强公共品性质的基础信息和基础研究方面。其中，基础信息既是政府制定经济发展战略、规划和政策过程中所不可或缺的决策支撑条件，也是市场平稳运行和企业参与全球竞争所不可或缺的公共服务。以能源基础信息为例，美国之所以能够在能源领域国际竞争中屡屡占得先机，与其强大的信息服务功能是分不开的。隶属于美国能源部的能源信息署拥有600多名员工，年预算经费超过1亿美元，对全球能源格局的动态进行全方位跟踪分析，并大量购买各种智库的研究服务，为美国制定能源战略和规划提供了坚实基础，也为美国能源市场的稳定运行以及美国能源企业参与全球市场竞争提供了强大的信息服务支撑。在我国，投入到能源信息统计分析领域的人力、物力十分分散，缺乏政府主导，造成信息孤岛，各家机构在分析研究方面没有能够形成合力，无法为国家制定能源战略、规划和政策提供必要的支撑，为企业和市场提供充足的公共服务。由此可见，优化生产要素流动和配置，健全产业体系，迫切要求政府加强基础信息方面的公共服务，加强主导，整合各种资源，加强基础信息数据统计收集整理、建设国家大数据，加强市场监测预测预警，加强战略决策支撑，加强公共服务。

在基础科研方面，尽管政府不断加大科研投入，但是在科技创新领域缺乏统一的规划和部署，科研力量和资源较为分散，科学研究与产业技术相互脱节，无法形成产学研有机结合的创新体系。供给侧结构性改革，除了在体制机制上理顺激励约束条件之外，终究还需落脚到技术创新上，这就要求政府在基础科研方面更好地发挥作用。其中，一种可行的方式是加大力度建设产学研一体化的国家实验室。

第三节 供给侧改革的意义

中国是一个市场机制还不完善的国家,政府对经济的干预和管制偏多。在这种情况下,一味刺激总需求仍然难以解决产能过剩的问题,也无法摆脱供给不足的困境。需求侧管理被实践证明,它在短期内确实行之有效,但是长期实施也存在许多问题。比如,盲目扩大需求会助长通货膨胀,并带来经济的停滞等。正是基于上述因素的考虑,我国提出了供给侧结构改革的指导思想。与国外(如美国)的供给侧管理相比,我国的"供给侧改革"在内涵与外延的发展路径上表现出一定的差异性。我国实施供给侧改革可以采用的财政与货币政策的应用空间大,有助于推出各种灵活有效的政策工具。比如,我国不仅不减少福利开支,还会继续加以投入,等等。换言之,我国供给侧改革的重点是加快各项改革的进程,优化需求端并进一步融合供给与需求端的价值效应。

一、供给侧改革的背景

我国自 1978 年改革开放以来,市场经济得到长足发展,中国经济在世界经济发展中取得了骄人的发展成绩,国民经济保持高速增长。但近两年,我国经济发展速度放缓下行趋势明显,2015 年经济发展首度破7%。以消费为主力带动经济增长的经济策略优势不断减弱，供给结构性过剩问题成为制约经济增长的重要问题。随着城镇居民收入和生活水平的不断提高，居民的消费层次不断提高，依据马斯洛的需要层次理论，人们的消费已经从安全和生存需要不断的价值实现转变，新的消费形式随着需要的升级而不断涌现。国内现有的供给不能充分满足居民消费的需要，出现消费外溢的情况，消费能力的流失直接导致消费侧对经济增长的拉动力降低。国内经济供需不平衡，供给能力的结构性过剩和供给形式补足形成巨大反差，供需不平衡将阻碍经济发展速度，影响经济增长质量。

二、供给侧改革的意义

诚然，供给侧是相对于需求侧而言的。从宏观上讲，供给侧改革的动因是过去那种依赖房屋与汽车等生产与销售所产生的需求拉动已失去了以往的辉煌，加之2008年的4万亿元投资（同时增加了近10万亿元的贷款，且主要投到国有企业）投入产出比无效益或负效益。即，当时投向的产业均为国内处于供给成熟和老化阶段的企业，投资没能有效拉动经济增长。从微观上讲，供给侧改革是引导企业创新驱动等的本质诉求。现阶段，大量的小企业倒闭破产，其中外部激烈的市场环境是一个重要因素；另一个因素可能更为关键，就是政府管理当局未能从供给侧角度加以有效引导，使企业在当前经济"三期叠加""四下一上"的环境下出现大量倒闭破产的现象（"三期"是经济速度换挡期、结构转变阵痛期与前期刺激政策消化期；"四下一上"是指经济增速下降、工业品价格下降、企业盈利下降、财政收入下降和经济风险上升)。

供给侧改革不是针对经济形势的临时性措施,而是面向全局的战略性部署。

供给侧改革就是"要促进过剩产能有效化解,促进产业优化重组;要降低成本,帮助企业保持竞争优势;要化解房地产库存,促进房地产业持续发展;要防范化解金融风险,加快形成融资功能完备、基础制度扎实、市场监管有效、投资者权益得到充分保护的股票市场"。由此可见,供给侧改革体现的是创新驱动的内在要求。亦即,经济增长模式要从要素投入转向要素投入效率的提升。换言之,供给侧改革的目的就是提高全要素生产率,用公式表示为:

全要素生产率 = 有形要素生产率 + 无形要素生产率

其中,"有形要素生产率"是指通过资本、劳动、土地等有形要素的投入所产生的生产效率;"无形要素生产率"是指通过技术创新与管理创新等产生出的生产效率。管理创新与技术创新是组织创新的"双核模型",需要对技术创新与管理创新进行适应性选择。比如,对于低度专业化(Professionalism)、高度规范(Formalization)和集权化(Centralization)的企业可以从管理创新入手加以研究,反之则以有利于以技术创新为导向加以研究与探讨。

通过供给侧改革使劳动力、土地和资本的成本有明显下降,这不仅使生产函数中的有效要素供给总量和质量都会上升,而且全要素生产力也会因此变得更大,进而整个经济结构和内涵也会变得更具弹性和可持续性。从当前提高"全要素生产率"角度考察,在资本、劳动、土地等投入要素不变的情境下，提高"无形要素生产率"更具经济意义。从我国的创新导向选择上看，采用管理创新，通过组织与制度创新来提升无形要素生产率是一种明智的选择。或者说，供给侧改革并不是简单地关闭产能过剩、消耗能源和资源过多的企业，而是要通过定向调控，也就是结构性调控的手段来鼓励现有生产能力，促进他们增加供给。比如定向减税和免税；或者通过实施优进优出战略，推进国际产能和装备制造合作，提高劳动密集型产品科技含量和附加值。同时，进一步鼓励高新企业成长，扶持短板行业，加强职业培训，提高劳动力素质。

（一）缓解需求侧拉动经济增长动力不足的压力

自2008年全球经济危机以来，我国实行以消费带动经济增长的策略，平稳度过经济动荡时期，并且取得良好的增长速度。但是随着经济发展供求矛盾显化，消费对经济增长的边际贡献率呈递减趋势明显，消费带动经济持续稳定增长的动力不足。随着居民收入水平的不断增长和消费水平的不断升级，居民对房产、教育、奢侈品的消费需求增多，居民消费不断分流。又由于现阶段我国房产市场的不断升温和社会保障体系不健全，居民的大部分消费能力被隐性缩小。在这样的经济现实下，我国实行供给侧改革，从供给入手改革不合理的供给结构，提高全要素的生产效率，一方面有利于解决现有的供需矛盾，另一重要意义就是能够有效地缓解消费对于拉动经济增长的压力。

(二)供给侧改革可以有效调整供需矛盾

改革开放以来,我国经济经过近四十年的稳步发展进入"新常态",传统消费理念和消费模式在居民消费中的比重不断降低,新的消费理念出现,与消费理念的升级相比,供给能力的调整升级较落后,消费品代购、国外消费等消费模式大量涌现,导致消费能力外流。供给侧改革重点突出对新产能、新行业、新业态和新技术的培育,从供给链上游寻找出路将从根本上解决现有经济条件下的供需矛盾。

(三)供给侧改革对社会主义生产关系与交换关系的意义

中国作为一个社会主义国家,任何改革都必须以此为基础,准确把握社会主义的本质,才能起到事半功倍的效果。"供给侧改革"与我国的社会主义生产关系和交换关系在某种程度上是密切相连的。

1.供给侧改革理论揭示了我国社会主义生产关系与交换关系的科学内涵

马克思主义经济学认为,现代社会发展过程中生产关系与交换关系之间存在一定的矛盾,并且这种矛盾是以生产关系为支配的,当然交换关系同时也对生产关系发生反作用。只有充分驾驭了其中的微妙规律,才能充分发挥交换关系对生产关系积极的反作用,形成生产关系与交换关系相互协调的经济机制。

在市场中,生产是供给的前提,交换是满足需求的基础。因此,生产关系和交换关系的内在联系在某种程度上可以认为是供给和需求的关系。"供给侧改革"理论认为实现供给与需求平衡的发力端在供给一侧,这种观点的依据是社会主义市场经济理论不是遮蔽而是明确社会生产关系对交换关系的支配作用,不是抽象地、肤浅地看待供给与需求的关系,而是将消费具体化为人民的物质文化需要,将供给具体化为满足人民物质文化需求的生产关系和生产行为。社会主义市场经济归根到底不是人民的物质文化需求满足生产者的利润最大化,而是生产者完善自身、不断提高劳动生产率从而更好地满足人民的物质文化需要。因此在社会主义市场经济中,供给与需求的平衡绝不是循环论式的均衡。供给与需求所反映出的交换关系与社会生产关系相互中介,形式上的交换平等以具体的生产目的为内容,中国特色社会主义的生产关系决定了社会主义市场经济的生产目的在于提高社会生产力,并且这一过程中始终坚持以人民为中心的理念。

2.供给侧改革理论为解决我国新兴产业革命与落后的经济结构的矛盾指明了方向

在世界金融危机、经济危机的影响之下,我国经济也曾出现过产能过剩、库存积增、高杠杆、泡沫化、生产成本持续提高等问题。这些问题的出现虽然不代表中国经济也出现了严重危机,但是我们同样不能忽视这些问题的存在,正确地认识这些问题,在科学分析的基础上做出理性的判断是现实对社会主义市场经济理论的重要考验。

第三章

基于供给侧改革的文化产业发展模式

文化产业市场化发展模式,经济规律对文化产品生产的调节作用,虽然降低了政治意识形态对文化产业发展影响力,但人类社会所倡导的社会基本价值观,却通过产业化得到更广泛的传播。我国作为社会主义社会,政治思想意识形态与资本主义社会存在本质上的差别,但这并不否认在人类基本价值观方面的一致。正因如此,产业化的文化产品才可能在意识形态不同的国家开拓其市场,为具有不同意识形态的人们所接受。过去,我们由于不能正确区分文化产业发展过程政治意识形态与人类社会基本价值观之间的关系,过分注重政治意识形态在文化产业化中的作用,甚至为了强调政治意识形态而忽视人类普遍价值标准,由此设计出的产品自然不能为消费者所接受,也就没有相应的市场需求。所以,作为社会核心价值重要组成部分的人类社会基本价值、伦理标准,在文化产业化进程中不仅不会削弱,而且还会通过优秀的文化产品得到广泛传播,从而有助于社会核心价值的形成和巩固。因此,推定我国文化产业化发展,需要不断挖掘人类基本价值观的市场价值,大力培育通过市场渠道弘扬中华民族传统美德的能力,以推动文化产业的健康发展。

文化产业化由于面向社会大众市场,因此,其产品的文化思想所反映价值观必须为社会大众所接受,要反映社会大众价值观及其伦理取向,提倡大众共同价值标准,只有这样产品才有可能获得市场认可。文化产业对社会大众价值标准的提倡,就这点而言,与人类基本价值观并不存在本质上的矛盾。人类基本价值观具有社会普适性,这些价值准则和伦理规范,促使文化产品大都提倡公平正义、自由平等、惩恶扬善、除暴安良、人性善良、骨肉亲情等社会普遍推崇的价值观和伦理准则。人类基本价值取向直接影响到大众文化的发展方向，这使得文化产业才有可能具有最充分、最广泛的文化市场和大众消费群体，而且可以使文化产业与国家政治和主流意识形态保持一定的距离，获得相对对立的发展空间。

第一节 以政府推动为导向的开发模式

一、政府推动系统发展的必要性

文化创意产业系统的发展需要政府在其中发挥相应的作用，我国文化创意产业的发展模式选择、产业系统运行中的系统失灵、以及文化创意产业不同于传统产业的特点都需要政府参与，政府在文化创意产业发展中的作用至关重要。

（一）发展模式采用混合模式，在产业发展中采用政府引导与市场调节结合

从文化创意产业的发展模式看，我国文化创意产业发展必须采用混合发展模式，我国目前不具备成熟的文化创意产业发展的市场，政府的大包大揽必然损害文化创意产业的发展长远利益。在文化创意产业发展过程中，政府必须将文化创意产业发展的权力交还市场，

通过引导规范促进文化创意产业的发展，起到决策者、服务者、管理者、监督者的角色。政府虽然不直接参与企业与市场运作，但是采用混合模式政府在文化创意产业发展系统中仍然起着非常重要的作用。政府职能的界定，政府制度的完善，政府行为的合法与恰当性都在一定程度上制约或者推动文化创意产业的发展。基于我国的产业条件与环境，文化创意产业的发展需要政府的积极引导与市场调节相结合的发展模式，通过政府的规划与引导，引导文化创意产业的快速发展。

（二）产业系统运行机制中的系统失灵

文化创意产业发展过程中存在的诸多系统问题是只靠市场和创意企业自身所无法解决的。譬如文化创意产业人才的缺乏，法律体系的不完善，融资渠道的不通畅，基础设施建设的不完整等都需要政府发挥好自身的作用，通过一系列手段促进文化创意产业的发展。

政府参与文化创意产业发展主要在于弥补市场失灵和制度失效，在完全、充分的市场运行条件下，市场会通过价值规律等资源配置方式自动调节产业系统的结构、资源流动等。但是纯粹的市场经济是不存在的，我国市场经济发展时间比较短，市场经济处于培育发展阶段，不可能形成完善的竞争机制，更不可能达到帕累托最优。市场组织存在的调节失灵问题必然需要政府的介入，政府介入主要通过提供公共服务，提供政策引导，通过市场环境的优化促进企业之间、企业与其他机构的互动发展，为企业、公共部门和非政府组织创造一个信息交流平台。

（三）文化创意产业不同于传统产业的特点

文化创意产业系统具有不同于传统产业的新特点，因而需要政府的扶持和推动，文化创意产业具有创新性、渗透性、辐射性、高端性、高辐射性的特点，因而要求政府对文化创意产业有充分的认识，了解产业发展特点，正确进行产业布局与推进产业发展。文化创意产业系统具有市场不确定性风险，文化适应性风险，产品时间性风险，产权保护风险以及外部文化侵入风险，文化创意产业系统的风险性要求政府加强对文化创意产业的知识产权保护，并为文化创意产业系统的发展提供良好的市场环境。文化创意产业发展模式具有可持续发展、创新式发展、内涵式发展、集聚及规模发展的特点，因而要求政府根据各地区发展现状编制文化创意产业发展的规划。文化创意产业的独特特点需要政府参与文化创意产业的扶持与引导。

文化创意产业系统价值链构建及其运行机制中存在的问题，创意人才严重缺乏、文化创意产业法律体系不完善、融资渠道不通畅、品牌意识不强、中介组织效率低下。这些问题单靠文化创意产业企业自身不能解决，需要政府加强对产业的扶持，需要政府推动文化创意产业系统的发展。

二、文化创意产业系统发展的政府角色分析

（一）决策者角色——以战略布局、政策引导为己任

加强宏观调控，文化创意产业的内在结构要求政府对产业的发展加强规划，合理调整产业的结构。政府应以市场为主体，在充分把握市场趋势以及经济发展水平的前提下，制定产业发展规划，运用

合理手段促进产业集聚，支持高新技术发展，发挥文化创意产业的联动效应，充分发挥文化创意产业的辐射性和渗透性，减少市场失灵的不利影响。注重政策引导，通过财政、税收、物价、土地、人才、融资等政策合理确定经济杠杆的运用范围。通过政策引导、扶持文化创意产业的发展，特别是引导扶持中小创意企业的发展，形成产业多元发展机制，促进文化创意产业的健康发展。

（二）服务者角色——以建设公共组织平台，促进行业组织建设为己任

加大公共组织平台的建设，加大公共财政对文化创意产业的扶持力度，通过公共设施、重要文化资源以及具有民族特色的传统艺术的投入来促进产业的发展，为文化创意产业的发展提供良好的公共组织平台。不断创新公共财政投入模式，提高文化创意产业项目的投入效益。

发展行业组织，积极发展文化创意产业行业的自律组织，鼓励、扶持社会组织承担一定的职能，通过职能转移促进行业的规范，如信息咨询、广告服务、市场检举、创意行业经营资格审定、产品评估检验等，充分发挥它们在维护行业权益、制度标准、规范市场以及提供认证等方面的作用，在行业发展中充当"第三者"角色，保障文化创意产业的正常运作，实现文化创意产业行业治理模式的创新。

（三）监督者角色——以规范市场、维持市场竞争为己任

强化市场监管，政府应促进创意产品和生产要素在市场中的自由

流动，营造公平的市场环境，明确市场准入和推出机制，打破地方保护障碍，促进市场的开放、竞争、有序。制止损害市场公平的行为，保护知识产权，确保文化创意产业市场的规范、有序发展。

规范监督手段，政府的监督规范应该以合理、合法为基础，需要政府各个管理部门的共同参与和相互配合，通过制定法规组织文化创意产业的发展规划，运用行政手段等直接手段与经济杠杆等间接手段，对文化创意产业相关行业的机构及其活动实施监督，规范市场行为，明确文化创意产业的布局、结构和发展方向。

（四）管理者角色——以完善运行机制，构建文化创意产业布局为己任

政府实行管办分离。政府从创意企业中退出，减少政府对市场运行的直接干涉。政府重塑文化创意产业行业的市场主体，将企业运作的权力真正交还给市场主体，吸引社会、民间资本，将国有企业逐步改制，减少企业对政府拨款和补贴的依赖，完善企业内部治理结构，提升企业的竞争力，在市场竞争中增强综合实力。

放松对生产资源的控制。政府将控制在手中的文化资源交还给企业，尊重市场的资源配置功能，打破行政壁垒，减少阻碍创意资源自由流动的行政政策，促进资源的流动，推动创意资源跨地区、跨行业以及所有制的流动和重组，优化资源配置。鼓励外资、民营资本和社会资本投资文化创意产业，形成全社会共同参与文化创意产业的新格局。

三、基于行为及角色的政府职能定位

基于对文化创意产业系统中政府的制度、行为以及角色分析，立足于文化创意产业系统的静态构成及动态运作规律，政府应承担以下的职能。

（一）构建产业链，并主动融入全球产业链

政府引导文化创意产业系统的发展必须首先把握全球的产业竞争格局和发展方向，准确定位自身产业发展优势，构建文化创意产业的产业链，并主动寻求融入全球价值链。政府具体职能表现在：一是充分利用地区比较产业优势，鼓励发展相关文化创意产业，一方面及时发现和识别正在形成的文化创意产业新门类，另一方面积极拓展已形成的文化创意产业的产业链。二是对地区文化创意产业的发展布局统一规划，合理设计，避免产业结构雷同，重复建设。三是利用各种财政、税收工具对企业进行扶持，引导企业进入文化创意产业并提高技术，扩大规模，推动价值链的构建及拓展。

（二）培育行业市场主体，尊重市场运作规律

文化创意企业是文化创意产业系统的主体，政府应尊重企业的主体地位，并尊重市场的运作规律，通过培养市场主体，优化市场环境促进文化创意产业系统的发展。政府具体职能表现在以下几个方面：一是政府应促进政企分开、政资分开；二是政府促使经营不善的国有企业从市场中退出，为私营企业的发展拓展空间；三是为市场企业主体提供良好的通信、交通设施；四是政府应根据市场经济的发展，引导企业的转型发展，引导企业的生产方式由浪费型、污

染型、粗放型向节约型、环保型、集约型转变，促进企业由孤立型向专业互补型转变；五是完善市场环境，放宽限制，降低门槛，加强对企业主体利益的保护。

（三）构建行业组织和机构，完善公共服务平台

良好的服务平台能够促进文化创意产业的快速发展。政府应构建行业组织和机构等，完善公共服务平台。政府职能具体表现在：一是成立政府文化创意产业专职部门提供行业公共服务支撑，通过协调政府其他资源，保障文化创意产业部门的工作服务及时有效地进行；二是积极培育文化创意产业行业协会和中介组织，通过降低进入门槛以及各种优惠政策促进中介组织的大力发展；三是提高政府的行政效率，减少行政审批的程序，为企业带来便捷的服务；四是建立文化创意产业企业评价和信用体系，实现对企业的合理评估，通过评价体系实现对市场主体优秀企业的资格认定，营造良好的发展氛围。

（四）积极营造区域创新软环境，加强知识产权保护

创新是文化创意产业发展的核心环节，积极营造区域创新软环境，加强知识产权保护能够促进文化创意产业的平稳、健康发展。政府职能具体表现在：一是政府应鼓励科研与创新，加强对教育、科研的投入；二是政府应营造宽松、自由、尊重知识与人才、鼓励个性与创新的文化氛围；三是政府应营造集体学习的氛围，使区域成为"学习型区域"，为文化创意产业的发展营造创新的软环境；四是政府应加大对知识产权的保护，通过法律法规明确产权，保护企业

的利益。

（五）优化企业融资环境，推动中小创意企业发展

资金困难是文化创意产业中小企业面临的难题之一，优化企业融资环境，建立完善的企业融资机制能够推动中小企业的发展。政府的职能具体表现在：一是建立推进民营企业融资工作的协调机制，推进银行信贷管理制度创新，加大信贷资金对民营企业的支持力度；二是鼓励和引导民营企业利用资本市场筹措资金，拓宽民营企业融资渠道；三是建立健全民营企业信用担保体系，降低民营企业贷款风险；四是建立和完善民营企业信用评级制度，强化民营企业信用管理；五是加快社会诚信体系建设，优化民营企业融资环境。

四、文化创意产业发展中的政府政策建议

（一）政府政策重点应转向构建文化创意产业完整产业链

政府对文化创意产业的扶持通常在于扶持文化创意产业细分行业中的重点行业，通过政策倾斜促进文化创意产业的发展。但是在文化创意产业发展的历程中，打造文化创意产业的全景产业链对于文化创意产业又好又快的发展是至关重要的。通过全景产业链的构建，能够认清文化创意产业的本质、内部各环节的联系以及运作规律，通过价值链可以分析文化创意产业附加值最高的部分，进而采取措施培育发展文化创意产业。首先政府打造全景产业链应加强理论认识，对文化创意产业的特点及运作有较深入的了解。其次应强化对区域文化创意产业的调研和总结，文化创意产业由于其新生性和渗透性，业态较多，在一定程度上加大了识别的难度，因而需要政府

的调研和总结。最后政府应了解文化创意产业的运作过程，通过了解产业衔接以及价值形成过程构建整个文化创意产业链。政府扶持文化创意产业应根据全景产业链的关键环节加以政策引导，不仅是具体产业业态，对各种中间环节的扶持也至关重要，保障文化创意产业价值实现的顺利运转。

（二）政府人才政策重点应转向人才的培育与人才环境的改善

创意人才是文化创意产业发展的源头，政府文化创意产业政策大多集中于创意人才的引进，文化创意产业人才的引进对发展文化创意产业确实起到非常重要的促进作用，但是要促进区域文化创意产业长久发展，必须做好创意人才的培育和创意人才环境的改善。对创意人才的培育政府应做好三方面的工作，一是政府应建立产学研一体化的人才培育基地，加大对当地高校的财政支持，联合高校为文化创意产业提供人才，注重对人才的再培训，为文化创意产业准备后备人才；二是建立人才数据库，对文化创意产业人才实施动态管理；三是不断组织交流活动，加强国内外以及国内人才间的思想的交流。对创意人才环境的改善，政府应做到以下几点，要有宽松宽容的文化氛围，要有完善的公共服务平台，要有和谐创业环境，要有完善的知识产权保护机制。

（三）政府职能应转向以服务为主，将权力归还市场

我国市场发育不完善，很多地方政府在文化创意产业发展过程中还作为主体参与其中，对创意企业进行着直接的管理，政府直接参

与市场运作,在一定程度上压抑了企业的发展潜力,约束了市场的资源配置作用。政府应转变政府职能,在文化创意产业发展中以提供服务为主,尊重企业作为主体参与市场运作,将权力真正归还市场,尊重市场的运作规律。政府还应培育以市场为导向的中介组织,将部分权力下放到中介组织,通过中介组织对文化创意产业进行引导。大力培育行业协会组织,将部分审批及管理职能下放到行业协会,维护协会的独立主体地位。

(四)政府服务建设应转向信息化建设

信息化是文化创意产业发展的纽带,对文化创意产业发展具有重要的作用。政府应加快信息化建设,通过信息加快文化创意产业的发展。政府应加快信息化建设,实现政务信息化、商务信息化、教育信息化,为文化创意产业发展提供平台。通过建设信息化为文化创意产业提供保护伞,维护创意人才的权益。优化文化创意产业发展的信息网络环境,加快信息化网络等基础设施建设,促进网络运营商的有序竞争,促进信息服务质量的提升,降低企业信息化成本,促进创意消费市场的繁荣。

(五)政府公共服务应转向软环境的优化

软环境的发展对文化创意产业发展的作用至关重要,企业可以享受公共基础设施和专业人才以及良好的融资环境。政府提供的公共服务有两类,一是文化创意产业发展所需要的基础设施建设,如交通、通信、环境、医疗、办公场所等,二是文化创意产业发展需要的制度环境、人才环境、创业创新环境、技术引进环境、风险投资与金融支持环境，品牌的销售建设环境，行业组织设立与管理。

目前，对文化创意产业的产业政策更偏重于前者的建设，而忽略了后者即软环境的优化，随着文化创意产业的发展，文化创意产业更依赖于软环境所带来的种种的优势，因而文化创意产业的发展需要政府对文化创意产业发展软环境的优化。

第二节 以市场需求为导向的开发模式

供给侧改革的首要任务是实现宏观经济均衡,即由结构性过剩走向新的供需平衡,集中体现在去产能、去库存、去杠杆等方面。分行业来看,产能过剩、库存积压已经成为多个产业面临的普遍问题,尤以钢铁、水泥、房地产等领域最为突出。综合供给侧经济现状,一方面是大量无效供给、劣质供给的存在导致总供给大于总需求;另一方面则是优质供给的结构性短缺导致有效需求无法得到充分满足。在此情况下,总需求特别是消费需求都被明显抑制,从而加剧宏观经济失衡,解决这一问题的根本途径在于供给结构的系统性变革。

一、开发市场需求的必要性

(一)问题的提出

20世纪90年代中期以来,我国各省平均对外贸易依存度由1995年的1.4%上升至2011年的50.3%。对外贸易依存度的提高在拉动区域经济增长的同时也加大了我国应对国际经济冲击的风险。中国经济发展之路正面临新的挑战,需要在稳定外需的同时进一步扩大内部需求。温家宝在2012年政府工作报告中指出,扩大内需特别是消费需求是我国经济长期平稳较快发展的根本立足点。"十二五"规划中把构建扩大内需的长效机制作为经济结构战略性调整、加快转变经济发展方式的基本要求。加快构建扩大内需的长效机制，不仅要着眼于提高某一地区居民收入、调整不同群体收入分配格局，而且要从区域协调互动发展的视角考虑市场需求的空间尺度。区域经济不仅与自身市场需求有关，还受到其他地区市场的影响。近年来，为缩小地区差距，政府先后提出并相继实施了西部大开发、东北老工业基地振兴和中部崛起战略，促使区域经济的联系越来越紧密，区域合作的范围和领域不断拓展、规模不断增大，市场需求的空间规模亦随之扩大，从而为地区间产业转移和中西部地区新的增长极或大型集聚中心的形成提供了可能。那么，国内市场的空间作用范围如何？市场的空间规模如何作用于地区劳动生产率？不同地区市场的空间规模对劳动生产率的作用有何差异？国际、国内市场各扮演着怎样的角色？这些问题都值得深入研究。

（二）市场的空间规模

市场的空间规模用市场潜力来表示，如果把各地区均视为全国统一市场的一部分，市场潜力测量的是空间中任意一点可能感受到的、经过距离倒数加权的市场规模。该指标从经济和空间两个方面反映了市场需求的空间分布。Harris（1954）首次采用 Stewart（1947）的潜力概念构建了市场潜力指标，用来表示空间中某一地区对整个市场的可达性或该地区市场的空间规模。随后其他学者采用相似的方法分析了不同地区的市场潜力。Spence（1992）以城市就业规模研究了英国179个城市市场的空间分布状况；Keeble等（1982）以GDP构建市场潜力模型分析了欧洲共同体的区域可达性和市场潜力分布状况，得出经济活动在空间上呈中心—外围模式分布的结论。但这些研究都缺少严格的理论基础。

（三）市场潜力

Krugman首次将Harris市场潜力的思想引入经济地理模型中，用以分析需求的空间分布在制造业集聚和劳动生产率（工资）中的作用，从而为市场需求空间分布与地区经济发展的关系研究奠定了理论基础。根据新经济地理模型，在规模报酬递增和运输成本的作用下，经济活动明显倾向于在大型市场附近集中。递增收益驱动下的本地市场效应与生产和消费有关的上下游产业之间的前后向（或成本—需求）关联效应密切相关：①厂商与最终消费者之间的关系。城市是各种产品的集散地，相对于更远的区域，城市中消费者能够以更低的价格购买到多样化的产品。在名义工资既定的情况下，多样化的需求偏好提高了城市中消费者（工人）的实际收入，从而吸引了更多的消费者向城市集中。城市中消费者或潜在消费者在特定区域的集中对劳动生产率（工资）的影响取决于厂商对劳动力的需求弹性，若需求弹性足够大，则城市中消费者的增加有利于市场需求规模的扩大和劳动生产率的提高，反之则市场需求规模减小、劳动生产率降低。如果劳动需求弹性足够大，那么市场需求扩大的规模经济效应将大于劳动供给的负面效应，促使更多厂商从事专业化生产，进而提高劳动生产率。②上下游厂商之间的关系。城市亦是各种生产要素和中间投入品的集散地，靠近大型市场不仅有利于下游产业厂商获得物美价廉、品种多样的中间品，而且降低了运输成本和生产成本，扩大了其利润空间。这样，为了获得成本优势，下游产业厂商不断向拥有大型市场的城市集聚，这进一步扩大了中间投入市场，从而促使更多上游产业厂商在城市进行专业化生产、获得规模收益。

（四）市场潜力或市场的空间规模对劳动生产率的作用

市场潜力或市场的空间规模对劳动生产率具有三方面的作用：一是市场需求规模扩大直接产生生产的规模经济效应；二是市场需求规模扩大通过提高产品多样化水平降低了下游厂商生产成本，从而产生成本推动效应；三是市场需求规模扩大通过提升产品多样化水平提高了消费者在同一地区的集聚水平，增加了劳动力供给，从而对劳动生产率产生负面影响。随着国内、国际市场需求的变化，城市劳动生产率可能同时受到以上三方面作用的共同影响。此外，同一地区的经济发展和劳动生产率也可能受到国内和国际市场的共同作用。目前多数研究着重分析国内市场潜力或市场需求规模对制造业集聚、工资水平或劳动生产率的直接作用，而从内外市场互动的角度综合探讨市场需求规模和产品多样化对劳动生产率直接和间接影响的研究尚在少数。

二、市场为导向的开发模式

（一）资源配置市场化

在供给端出现大量的无效供给和劣质供给的根本原因是市场在资

源配置中没有起到应有的基础性作用，市场机制失灵，政府行政权力充当"额外的市场势力"，主导了资源配置体系。

从长远发展和解决经济中深层次矛盾的角度，供给侧改革应以解决资源配置市场化和"大政府、小市场"问题为根本目标。既要发挥宏观调控对经济活动的干预作用，又要实现调控领域的重大转变，切实改进市场机制在资源配置中的基础性、决定性作用，弱化权力配置资源的机制。政府真正起到规则的制定者、运行监督者而不是"比赛选手"的作用，并通过持续高压反腐建立长效治理腐败机制，遏制、减少乃至消除经济领域的权力寻租这一导致要素配置畸形的严重问题。

（二）新国有企业改革

资源配置方式改革的重点在国有企业，对供给侧改革而言，国有企业起着举足轻重的作用，国有企业，特别是央企，是导致权力配置资源问题的重要来源，尤其在国有企业占主导地位的重化工业领域，市场机制作用十分有限。目前，国有企业产出仅占GDP的1/4，但却导致严重的资源错配。相对于民营企业和外资企业，国有企业整体的资产负债率最高，资产周转率、主营业务利润率处于最低水平，是产能过剩、无效供给的主要来源。

为推动国有企业改革，首先，应落实社会主义核心价值观，建立公平公正的市场环境，赋予每一个市场主体平等的竞争权利，使民营经济与国有体制得到无差别的市场对待；其次，彻底扭转近十年来在整个经济领域愈演愈烈的"国进民退"趋势，应重新考虑国有企业从一般性竞争领域合理退出的改革目标,从源头上改变"与民争利"的国有企业定位;最后,在微观层面破除各种障碍,大力推动新国有企业混合所有制改革,战略投资者的引入应着眼于要素升级与创新,通过与战略性新兴产业的实质性产权融合,真正实现"制造业+互联网""大众创新、万众创业"的战略目标。

(三)去产能及建立退出机制

由于供给侧过剩产能集中在国有企业、传统行业,处于供给生命周期的成熟及衰退阶段,短期内可以采用政策强制性关停并转的方式予以化解,但任务艰巨。在具体操作中,中央应根据产能控制指标,层层下达具体指标,并将指标分解给地方政府和央企;在程序上应以煤炭、钢铁和水泥企业为试点,取得经验后迅速推广;在配套政策上应根据产能控制指标给予相应的财政补贴和转岗分流人员安置政策,稳定推进化解社会风险;在银行债务处理上,应积极探索运用创新性市场化手段,处置企业债务和银行不良资产的方式方法,大力支持跨所有制,跨二、三产业,跨技术平台的减量化承接债务式兼并重组,以此为契机推动国有企业改革。

去产能的另一途径在于寻找新的产能释放路径。当前,"一带一路"迅速上升为国家战略,并且随着沿线国家和地区对这一构想的积极响应和不断加入,其影响力日益显现。"一带一路"倡议的实施可以成为产业转移、结构升级的重要途径,沿线国家可以成为中国过剩产能的释放地,落后产能的转移地,失去比较优势产能延长产业生命周期的目的地。

从长期来看，建立无效供给和劣质供给的市场退出机制才能起到根治经济沉疴的作用。政府应切实加大微观层面经济治理，真正发挥各级政府、市场管理机构在生产、流通领域的作用，在市场准入、市场退出、运行监控方面进行制度建设、标准建立和执行监管，使无效供给、劣质供给通过市场竞争、市场规则被自然淘汰。当前，诚信与契约精神丧失所形成的劣质供给极大地抑制了有效需求，不仅极大地挤压了优质供给的生存空间，而且产生了柠檬市场的"晕轮效应"，形成对中国制造的偏见，极有可能导致市场体系的崩溃瓦解。

第三节　以特色文化资源为导向的开发模式

中国特色社会主义文化发展模式是中国发展模式的重要组成部分，是中国特色社会主义文化建设实践在思想上、精神上的积淀和升华，也是对中国特色社会主义文化建设全方位总结和未来展望的思想成果，是中国特色社会主义文化在发展过程中各种具体做法的抽象。它是富于中国特色的文化发展模式，是坚持中国特色社会主义道路不断探索文化发展和文化繁荣的具体方式。它把坚持马克思主义的指导地位，不断推进马克思主义中国化作为指导思想；把坚持"以人为本"，实现人的全面发展作为根本目标；在坚持以中国传统文化为根基，以政府为主导，以市场为主体，以丰富的外来文化资源为依托，吸收和借鉴世界各国文化发展模式的有益成果为重要条件的基础上，对文化进行整合与创新，弘扬和培育民族精神与时代精神，实现传统文化的现代转换。

中国特色社会主义文化发展模式是在全球化背景下实现中国文化现代化的一系列战略措施的集中体现，是中国改革开放发展经验的总结，仍面临着诸多质疑与挑战。只有对这些质疑和挑战做出有力的回应与解答，中国特色社会主义文化发展模式才能确立并得到发展。我们要尊重世界各国文化发展模式的多样化，坚决反对教条式地理解和实践马克思主义理论，反对盲目照抄照搬其他国家的发展模式。要积极应对新时代的挑战，创造既富有民族优良传统又具有鲜明时代精神；既立足国内又面向世界；既正视国情现实又放眼未来的新的文化发展模式，使中国特色社会主义文化发展模式的科学性和生命力随着实践的发展更加生动地展示出来。

一、特色文化发展模式的特征

（一）民族性与世界性的统一

文化是一个民族的灵魂和本质特征，是历史积淀下来的被群体所共同遵循或认可的共同的价值体系和行为模式。任何国家的文化发展模式都不可能脱离自己的民族，民族性应该是主要强调的内容，是全球化背景下民族文化发展振兴的必然要求。习近平总书记在党的十九大报告中明确指出："没有高度的文化自信，没有文化的繁荣兴盛，就没有中华民族伟大复兴。"这是对文化自信的最充分最有力的肯定。中国优秀的历史文化曾以其鲜明的中国风格和中国气派著称于世。中国特色社会主义文化发展模式深深扎根于华夏沃土，使中国文化所具有的中国风格和中国气派更令世人瞩目。越是民族的，越是世界的。中国要在现代化进程中保持自己的民族文明，要真正有效地推进现代化进程，就必须充分发扬自己独特的民族优势。我们要在坚持和继承民族优良传统的基础上，创新和发展中华民族优良传统，与时俱进地赋予它新的时代特色，使中华民族自强不息、变革创新精神在当代得以集中体现和创造性发展。

文化既是历史的，又是现实的，更是未来的。中国特色社会主义文化发展模式也是一个不断汲取人类文明成果的开放性系统。一方面，它在坚持民族自尊自信与自力更生方针的前提下，以宽广的视野与广阔的胸襟，倡导加强对外文化交流。把中国文化置身于世界文化之林，通过广泛的文化交流，互补有无，实现文化风格多样化，增强自身文化发展活力。旗帜鲜明地向世界证明自己存在的必然性与合理性，并通过有效方式与途径加强它在国际上的影响与传播；另一方面，它大胆地吸收和借鉴人类社会文明的一切优秀成果，吸收和借鉴当今世界文化研究的积极成果，关注和研究世界文化领域普遍关心的重大问题，增强自身的说服力和竞争力，不断获得生命力和发展空间。"世界各国的文明都是人类的宝贵财富，应该相互尊重、相互学习。历史充分证明，各国人民自主的社会制度和发展道路，在继承和发展本民族文明的基础上吸取其他文明的精华，按照自己的意志创造并享受美好的生活，是世界发展的重要动力。"对当代西方文化采取这种扬弃的科学态度，坚持以我为主、为我所用，吸收其优秀成果，充分体现了中国特色社会主义文化发展模式的开放性。

中国特色社会主义文化发展模式是民族性与世界性的有机统一。一方面，越是民族的就越是世界的。缺少民族特性，不适应民族文化生存和发展需要的文化发展模式是不可能被这个民族所接受的，也是无法被继承和发展的；另一方面，文化发展模式的民族性越鲜明、越丰富充分，就越具有世界性。在世界范围内不同国家和民族文化发展模式之间的相互交流是符合文化发展规律的，有力地促进了世界文化的发展和繁荣。世界各民族的文化发展模式既是自己民族的，更是人类共有的精神财富。因此，中国特色社会主义文化发展模式只有突破时代、民族和阶级的界限，置身于世界文化发展模式的交流与融合之中，才能更好地保存与发扬自己的民族独创性，实现自身的发展与繁荣，才能以自身的不断成熟完善而赢得世界意义和地位。

（二）继承性与创新性的统一

中国特色社会主义文化发展模式不是凭空产生的，而是在积极借鉴和汲取中国历史上一切有益的发展文化的理论成果和实践经验的基础上形成和发展起来的，具有深厚的历史继承性。对以往文化发展模式的继承与反思是中国特色社会主义文化发展模式的内源动力。"几千年来，中国文化长期延续发展，虽曾经走过曲折的道路，而仍能自我更新，继续前进。其发展更新的思想基础，就是中国文化的基本精神。"我们要理性地分析和确认中华民族文化发展的优秀成分，在全球化的背景下加以传承并大力弘扬。中华民族文化发展历史悠久，内容博大精深，锲而不舍的顽强奋斗精神、倡学重教的求知精神、崇俭黜奢的勤勉精神、自强不息的求索精神推动着中国文化的发展，为中国特色社会主义文化发展模式的形成与发展积淀了丰厚的底蕴，提供了不竭的源泉。同时，中国特色社会主义文化发展模式继承和发展了人类文明的一切优秀成果，充分吸收西方在长达几百年中形成和积累起来的优秀文化成果的精华，为实现文化的综合创新奠定了基础。

中国特色社会主义文化发展模式不只是继承了前人的思想成果，更重要的是在于它的创新性。中国特色社会主义文化发展模式继承了中国传统文化发展模式的精华，并将现代意识融入人们的思维和行为方式中，是对中国传统文化发展模式的超越和提升。文化发展没有止境，创新也没有止境。习近平总书记在党的十九大报告中指出，创新是引领发展的第一动力，是建设现代化经济体系的战略支撑。广大科技工作者在学习领会党的十九大报告精神时表示，加强国家创新体系建设，强化战略科技力量，为科技工作指明了前进方向，明确了战略任务，提出了新的要求，我们将不忘初心，砥砺前行，志存高远，脚踏实地奋勇迈向新的征程。我们要以科学的态度对传统文化进行整合、重构，赋予它以现代精神，把五千年的文化底蕴发挥出来。要将西方文化的先进成就与中国文化的优秀传统综合起来，从而创造新的中国文化。要在优秀传统的启迪之下，奋发图强，革旧立新，充分认识民族传统中的积极内容，提高民族的自尊心、自信心，才能建设有中国特色的新文化。中国特色社会主义文化发展模式深深扎根于当代中国改革开放和现代化建设的伟大实践，它既为经济服务，又为其提供精神动力和智力支持，其特质是求新求变。实现综合创新是全球化时代中国文化发展的根本方向。因此，只有高举创新的旗帜，坚持继承性与创新性相统一，在分析中扬弃、在选择中继承、在创新中超越，才能使中国特色社会主义文化发展模式既内含了传统文化的爱国主义和民族精神，又富有时代的鲜活气息与精神气质，实现中国文化的持久繁荣与发展。

（三）主导性与多样性的统一

全球化时代，思想观念碰撞十分活跃，各种文化错综复杂地交织在一起，既有融合吸纳，也存在排斥和斗争，这是文化发展的一般规律。中国特色社会主义文化发展模式的构建实现了主导性与多样性的统一。在"弘扬主旋律，提倡多样化"方针的指引下，主张在坚持社会主义核心价值体系的基础上，促进各种健康有益文化之间的相互借鉴和学习；在尊重差异、包容多样中形成思想共识，扩大社会认同，推动人类文化不断发展进步。中国是社会主义国家，中国特色社会主义文化发展模式所追求的目标是培育有理想、有道德、有文化、有纪律的社会主义新人，致力于提高全民族的思想道德素质和教育科学文化水平，提倡文化为人民服务、为社会主义服务，最终实现人的全面发展。只有坚持马克思主义、社会主义核心价值体系的主导性地位与文化发展多样性的兼容并存、有机统一，才能在全民族形成统一的精神支柱和共同理想，形成共同的文化认同感；才能通过多种途径和方式把文化发展同经济、政治基本制度结合在一起，在改革开放的伟大实践中实现建设富强、民主、文明、和谐的现代化国家的任务。

中国特色社会主义文化发展模式不是抽象的理论体系，而是一条符合中国实际的文化现代化之路。是从中国现代化实践的切实需要出发，解决中国文化建设所面临的问题。社会主义市场经济是多元化经济，市场主体、利益、运作的多元化，决定了文化发展模式必然体现出多样性的特点。只有实现文化的多样性，才能解构传统文化的神圣化，充分展示丰富多彩的社会生活。社会发展离不开多样性，多样性使社会充满活力和张力，是社会主义思想文化创新发展的重要动力。但一个国家和社会如果没有一种主导价值体系，就会陷入迷茫和混乱，就无法实现科学发展、和谐发展。在实践中，主导意识形态的创新因子往往是在与多样的社会思想意识的比较和竞争中不断生成和升华的。改革开放的深入进行，市场经济的快速发展，为构建中国特色社会主义文化发展模式提供了新的视角和新的市场。文化发展呈现出五彩缤纷、百花争艳的景象。社会主义现代化建设要求在以公有制为主体的前提下发展多种所有制经济，这种经济成分上的多样性，反映在观念形态上则要求文化的多样性；随着生产力发展水平的提高，国家政治生活民主化的进程不断推进，人的个性不断发展，人们生活日益改善，反映在精神享受上，也必然要求文化的丰富性、多样性。当代新文化分别从不同角度、不同层次上体现出社会主义新时期文化的特征与内涵，在多种文化思潮的互相竞争、冲突、渗透、融合中必将获得长盛不衰的生命力。坚持主导性与多样性相统一，应注意克服两种错误倾向：一是试图用一种格局、一种模式去要求一切具体的思想意识，搞"一刀切"；二是放松对所谓"意识形态地位等值论""意识形态淡化论"等论调的警惕，任凭低级、错误、庸俗、落后的思想文化发展膨胀。

在全球化时代，中国文化发展模式特有的继承性、时代性、开放性和民族性显示了其勃勃生机。中国现代化文化的培育应该放开视野，博采众长，在比较借鉴中提升和完善自身。历史证明，文化的根本价值在于是否能够赋予其创造者、负载者和传承者以竞争力和生命力。在保持民族文化的独立性还是保持中华民族在全球化文化创新中的主导性两者之中，要在兼顾前者的基础上，更重视后者。正如姚国华所指出："文化不是某种凝固的传统、体系、主义、模式、经验，而是思想、反省、探索、创作、对话本身。"中国特色社会主义文化发展模式应该继续探索全球化时代中国和世界的新文化精神，借助于中国的文化创新成果，成为文化全球化的推动者而不是被动效仿者。

二、特色文化发展模式的理论意义与当代价值

哈佛大学历史学教授戴维·兰德斯在其著作《文化至关重要：价值观如何引导人类进步》一书中，从各个角度以大量事实例证了文化在促进国家经济社会进步上的重要作用。文化作为人类智慧的表现，在人类历史发展中始终伴随着人类社会的不断进步而发展。恩格斯说："文化上的每一个进步，都是迈向自由的一步。"充分说明了发展文化的重要意义。

（一）理论意义

中国特色社会主义文化发展模式深刻揭示了文化的本质和功能，重新系统地阐述了社会主义国家在新的历史条件下发展建设文化的目标和途径，是马克思主义文化发展理论的突破和创新，具有重大的理论意义。

1. 深化了马克思主义关于文化本质和功能的理论

马克思主义理论认为：文化作为上层建筑的重要组成部分，是由

一定社会的经济基础决定的,并对该社会经济建设和民主政治的发展具有强大的反作用。但随着人类社会的不断发展进步,文化在现代社会发展中地位和作用发生了重大改变。它既具有作为社会工具的职能,又是社会成员主体素质的体现,更是国家实力和形象的表现。以往人们更多注重物质因素,而忽略了文化、观念、价值、国际规范化和身份认同等非物质因素的作用。社会的变迁归根到底受到社会生产力的制约,取决于社会物质关系的变迁。然而,单纯经济因素本身不是造成那个社会变迁的充分原因。美国著名历史学家保罗·肯尼迪在分析大国兴衰的历史时,曾着重探讨了经济和战略之间的相互作用,但他也同时提醒人们不可以陷入赤裸裸的经济决定论中去。他说:"有许许多多的证据说明还有其他的东西,地理、军事组织、民族精神、结盟体制以及其他因素都能影响国际体系中各成员国的相对力量。"因为文明社会的主体——人,是充满着创造力的活的因素。文明社会因此而诡异多变,充满了不确定性。这就是说,物质关系对文明社会的影响并不必然是一种宿命,它往往是通过其他关系折射而成的,精神与制度也有其自身的发展规律,并对文明社会的发展具有非凡意义。构建中国特色社会主义文化发展模式是"全面实施党和国家发展战略的需要",是中国特色社会主义建设的重要组成部分。这一理论摆脱了长期以来拘泥于意识形态理解文化的片面性,突破了马克思主义的文化发展理论。文化从一种工具状态变成实力和素质状态,从整体上深化了我们对中国特色社会主义文化发展模式的认识,在实践中产生了巨大的经济效益

第三章 基于供给侧改革的文化产业发展模式

和社会效益。发展先进的文化不仅对物质文明建设、政治文明建设、社会文明建设和生态文明建设具有重要的服务和促进作用，而且构建中国特色社会主义文化发展模式本身也是社会主义建设的根本任务和根本目标之一。缺少文化支撑的发展模式是不完整的，必须构建与中国日益上升的国际地位相匹配的文化发展模式，为社会提供精神食粮，满足人民精神文化需求，为中国发展提供强大的精神动力。

2.突出了社会主义文化的动力作用

文化和价值观是一个国家、民族发展的核心和灵魂，为社会发展提供必要精神动力和智力支持。当今世界，不同国家和地区之间的思想文化相互激荡，相互作用，影响、碰撞和竞争的趋势日益激烈。文化——无论是观念的文化还是文化产品和服务，都已超越了国家和民族的疆界，广泛渗透于各国的经济力、科技力、军事力和民族凝聚力之中，在全球范围内流动和发生作用，成为促进国家经济发展和社会进步的强大力量。一个国家和民族，没有文化优势，就无法在激烈的国际竞争中占据有利位置。中国是在经济文化比较落后的基础上建设社会主义的。从表层看，其难点是经济问题，而深层难点则是文化问题。加快中国特色社会主义文化建设，通过思想道德建设帮助人民树立坚定科学的理想信念，树立正确的世界观、人生观、价值观，能够提高广大人民群众的精神境界，从而激发人民进行现代化建设的积极性、主动性和创造性，为经济发展和社会全面进步提供强大的精神动力；通过大力发展教育和科学技术事业，提高全体人民的科学文化素质，为我国现代化建设提供强有力的智力支持；通过解放和发展文化生产力，加快发展文化设施建设，完善文化服务网络，创造内容丰富健康，形式多样的精神文化产品和服务，满足人民群众不断增长的精神文化需求，促进社会主义文化的大发展和大繁荣。中国特色社会主义文化发展模式理论突出了文化在中国特色社会主义现代化建设中的动力作用，使我们对文化功能的认识跃上了新台阶。

3. 深化了对文化目的和手段辩证关系的认识

文化既是改造社会的手段，又是实现社会发展的重要目标。美国学者麦克莱兰就说："经济与社会发展速度的最后决定因素是价值、动机或心理力量。"坚定文化自信是党的十九大报告当中文化建设部分的关键词。党的十九大报告中提道："没有高度的文化自信，没有文化的繁荣兴盛，就没有中华民族伟大复兴"。习总书记也说"四个自信"中，"文化自信是更基础、更广泛、更深厚的自信"，文化自信是最根本的自信。可以讲文化自信是处于一种基础性的地位，确立了文化在中国现代化建设中的重要地位和作用。中国特色社会主义是经济、政治、文化全面发展、全面进步的事业；是物质文明、精神文明相辅相成、协调发展的事业。社会主义文化的发展繁荣既是实现中华民族伟大复兴的重要标志，也是适应当今世界发展潮流，全面实施党和国家发展战略的必要手段。强大的经济、民主的政治和繁荣的文化是一个国家、民族自立于世界民族之林的重要标志。从一定意义上说，文化的复兴及其所达到的高度和成就，比经济和政治更具有持久的竞争力和永恒的生命力。一部人类文明发展史，就是各民族、各地区文化创造的历史。繁荣的社会主义文化是中华民族伟大复兴的重要标志。同时，构建中国特色社会主义文化发展模式，也是适应世界文化发展趋势和潮流的必然选择。和平与发展是当今世界的主流，文化在拉动和推动全球经济持续增长中发挥越来越大的作用。文化发展得到空前重视，文化产业在世界范围内迅速发展。面对世界激烈的文化竞争和文化贸易，我们必须加快发展文化事业和文化产业，克服长期以来仅把文化当作手段的片面性，不断增强文化的整体实力和竞争力，才能推进全面建成小康社会的历史进程，增强我国在国际文化交往中的话语权，为促进世界文化发展贡献应有的力量，实现文化既是目的又是手段的辩证统一。

（二）当代价值

1.中国特色社会主义文化发展模式是中国现代化建设总体布局的重要组成部分

社会发展是各种主客观力量合力推动的结果。英国战略家科雷里·巴尼特认为："一个民族国家的力量并不仅仅在于其武装部队，而且存在于其经济和技术资源；存在于用以指导其外交政策的灵活性、预见能力和果断性；存在于民族中；存在于它们的技术、能力、雄心、纪律、创造性中；存在于它们的信念、神话及其幻想中。进一步讲，还存在于这些联系的相互方式。"因此，实现现代化不仅是经济发展的过程，同时也是政治建设、文化发展和社会全面进步的过程。

当今世界激烈的综合国力竞争，不仅包括经济实力、科技实力、国防实力等方面的竞争，而且包括文化的竞争。全球化引起世界各种思想文化相互激荡，保持和发展本民族文化的优良传统，实现与时俱进的开拓创新，是关系民族前途和命运的重大问题。对于发展中国家来说，可以把经济发展作为社会发展的基础和首要任务，在抓经济发展的同时，要坚持政治稳定，促进政治和经济同步发展，还要注重文化建设在社会发展中的地位和作用，使社会的经济、政治和文化诸方面得到共同进步。发展应当是整体的、综合的，经济只是手段，发展的目的是满足社会和人的需要，而且这种需要不仅仅是物质需要，还包括与每个民族的价值与传统相一致的文化和精神需要。正如《中国模式》杂志提出的："中国模式也可以称为'中国道路'或'中国经验'，特指在维持社会稳定的前提下主动创新、大胆实践并从而实现经济的持续增长、社会的协调发展、国家的和平崛起的一整套思路、经验和理论，是中华人民共和国成立特别是改革开放后中国共产党领导全国各族人民在探索有中国特色社会主义道路的过程中逐步形成的一整套政治、经济、科技、文化和社会较为协调发展的模式，是现代中国在数十年的现代化进程中摸索出的政治模式、经济模式、科技模式、文化模式、社会发展模式等子模式的综合和升华，是当代中国各级各类组织模式的抽象和概括。"

可见，文化发展模式是国家现代化系统工程中不可或缺的重要领域，对于培育新的经济增长点、拓展经济发展空间，保持社会政治稳定协调的发展，真正实现全面小康具有重要的战略意义。中国特色社会主义事业的总体布局是：以经济建设为中心，坚定不移地进行经济体制改革，坚定不移地进行政治体制改革，坚定不移地加强社会主义文化建设，坚定不移地加强和谐社会建设，并且使这几个方面互相配合，互相促进。在这个有机整体中，经济建设提供物质基础，政治建设提供政治保障，社会建设提供有利的社会环境和条件，而文化建设则提供强大的精神动力和智力支持。它们既紧密联系、相互作用、相互渗透、相互转化，又有各自的独特地位和发展规律。中国特色社会主义文化发展模式在现代化建设总体布局中的战略地位，决定了我们必须站在新的历史起点上，面对不同声音，面临各种干扰，始终保持坚定的信念、清醒的头脑、昂扬的斗志，聚精会神搞文化建设，一心一意谋文化发展，坚定不移地走中国特色社会主义文化发展道路，以良好的精神状态推动社会主义文化大发展大繁荣。

2. 中国特色社会主义文化发展模式是推动中国社会不断发展进步的重要力量

文化对人类社会的发展进步起着导向和推动作用。社会发展中经济、政治的发展决定着文化的发展，但文化对政治、经济有反作用。生产力越是发展，文明程度越是发达，文化的作用就显得越来越重要和明显。政治、法律、哲学、宗教、文学艺术等的发展是以经济发展为基础的，但"它们又都互相作用并对经济基础发生作用，并非只有经济状况才是原因，才是积极的，其余一切都不过是消极的结果"。任何经济行为和模式的背后，都有一定的文化背景内涵和文化观念的支撑；任何政治思想意识乃至制度法律的形成无一不是建立在一定文化道德伦理规范之上。社会全面协调发展，就是社会经济、政治、文化自然协调发展，不可偏废。那种认为"有了经济发展就有了一切"的观点是片面的，也是错误的。

文化是民族之根、国家之魂。在利益诉求多元、价值观念多样的今天，我们发展经济、推进改革、改善民生、构建和谐社会，不仅需要有制度和法律的保障，更需要有文化的支撑。文化的力量是一种无所不在、无孔不入、富有弹性和能以柔克刚的力量。经济和军事上的强大并不必然带来文化的强大，没有强大的文化力作后盾的经济、军事上的强盛一般不能持久；而且，在资源、能源日趋紧张的今天，与经济、军事力量的提高所要付出的代价相比，文化力量的提高所要付出的代价是低廉的。历史证明，凡是文化兴盛之地，必然伴随着经济、社会的繁荣发展。当今世界经济强国，无一例外都是教育文化发达国家。正是由于14—16世纪的"文艺复兴"和17—18世纪的启蒙运动打破中世纪宗教迫害和思想禁锢，吹响思想解放的号角，提倡用理性去批判地观察世界，发扬人们的科学精神和创造欲望，导致18世纪以来经济革命源泉的制度和技术创新的发生，才有西欧国家的兴起。哈佛大学教授塞缪尔·亨廷顿曾说，文化对于一个民族的存亡兴衰起着巨大的作用，它就像一个民族的"基因"一样决定这一民族的发展轨迹。改革开放以来，全党上下对文化发展问题有了越来越清晰、越来越一致的共识。文化是一个国家、一个民族的灵魂。在党的十九大报告中，"坚定文化自信，推动社会主义文化繁荣兴盛"内容占了较大篇幅。代表们认为，随着中国特色社会主义进入新时代，随着人民的需要从物质文化需求发展到对美好生活的需求，随着中华民族迎来从站起来、富起来到强起来的伟大飞跃，文化建设也要提升至更高层面，肩负更多的使命。

3. 中国特色社会主义文化发展模式是中国经济社会发展的重要支撑

文化是综合国力的重要组成部分，是推动经济增长方式的转变、调整经济结构、落实科学发展观、促进和谐社会发展的强大动力。在全面建设小康社会进程中，以文化产业的发展满足人民群众日益提高的精神文化需求，对于促进中国特色社会主义现代化建设将起到越来越重要的枢纽作用。

第一，文化能够释放经济社会发展的内在活力。文化作为社会有机系统的重要组成部分，在社会中发挥着积极的主导性的作用，成为推动经济社会发展的重要力量。"没有哪个人类社会能够脱离具有一定观念、价值观、规范、信仰以及思考方式的人而存在。也就是说，每一个社会都部分地由文化构成，并在其基础上运行，并且每个社会都需要文化。"经济增长方式的优化和提升有赖于社会主义文化建设提供强大的智力和价值观方面的支持。文化能够使人类正确地认识经济发展与自然及人自身发展的关系，重新认识经济增长方式的优劣及其价值。经济发展的最终目的是为了人类生活更美好，而不是以牺牲人的本质利益以换取经济收益。那种以牺牲和破坏人类生存环境而进行的经济行为背离了人类的初衷，是必须停止的行为。

人是经济社会发展的主体，人的素质状况直接决定着经济社会的发展进程。因为"文化从根本上不是与政治、经济等相并列的领域或附属现象，而是人的一切活动领域和社会存在领域中内在的、机理性的东西，是从深层制约和影响每一个体和各种社会活动的生存方式"。面对世界文化的相互激荡，面对科学技术的日新月异，只有加强文化建设，弘扬与培育中华民族的民族精神，不断推动科技进步，提高劳动者思想道德素质和科学文化素质，才能在激烈的国际竞争中占据有利地位。加强中国特色社会主义文化建设，就要结合新的实践和时代要求，制定出文化发展的战略目标和发展规划，调动文化工作者的积极性，激发人民群众投身现代化建设的热情和干劲，推动文化产业的发展，活跃文化市场。使文化与经济、政治同步发展，努力创造文化发展的优良社会环境，为优秀文化人才的辈出和文化精品的生产提供土壤和条件。切实尊重和保障人民的文化权益，促进经济增长。将先进的文化理念与现实的国情紧密结合起来，从而增强发展动力，对本国的经济发展起到直接的推动作用。

第二，文化为推进政治文明建设奠定牢固的思想基础。一个国家的主流文化总是与统治阶级的利益相一致的，统治阶级为了维护其所代表阶级、阶层的利益，巩固自己的统治地位，总是设法传播、灌输之。并将其核心内容以法律的形式上升为国家意志，成为社会成员必须遵守的强制性规范，以保证现存社会政治秩序的稳定。文化作为一种无形的力量，内含着人们对社会发展前景的向往。如若这种取向符合社会发展规律，人们将从中汲取巨大的精神力量，积极参加政治实践活动，推动社会不断向着既定的目标迈进。反之，则会阻碍社会发展，原有的社会发展模式也因得不到文化的支撑而逐渐改变，模式所设定的目标也不可能实现。

第三，文化营造良好的发展环境，对于社会建设、生态文明建设起引导作用。文化能够发挥熏陶、教化、激励功能，规范和约束社会主体的行为，将忠诚、正义、公平等文化因子潜移默化地植入群众的心田，增进不同人群间的相互理解；能够促进各种社会矛盾的化解，维护社会的和谐稳定。当前，中国正处在社会转型的过程中。加快改革开放的步伐，建立社会主义市场经济的运行机制，本身是一种自觉、有目的促使文化变迁，推动社会文化发展的过程。在这一过程中，文化的分化与整合非常频繁和寻常，甚至会演变为激烈的矛盾冲突。在这种背景下，作为主流文化的社会主义文化在市场经济体制格局下，面对的局势相当复杂，以我们现有的文化资源和思想装备，都还不足以应对改革开放形势下极其复杂的思想文化环境。改革开放初期，我们党的文化要求一致、要求同步，是为了减少争论、减少质疑，集中精力搞建设，光做不说，但这只能是暂时的举措。现在，矛盾凸显出来了，光做不说就不行了，到了该解决矛盾的时候了。所以，在探索解决矛盾的方法和路径上，共同的核心价值观问题就浮出了水面。如今的现实要求我们必须回答这个问题。

综上所述，文化是推动人类进步的伟大力量，是促进经济社会发展的重要条件和强大动力。新的文化发展模式能为社会的发展带来极大的活力，以前所未有的速度推动社会生产力的发展，为社会提供前所未有的发展空间。解除束缚人类活动和社会进步的旧的文化要素和体制障碍，解放人的思想和创造力。胡锦涛同志在党的十六届四中全会中做出明确部署："加强文化发展战略研究，抓紧制定文化发展纲要和文化体制改革总体方案。"表明了党中央对当今文化与社会发展矛盾的认知。为此，认真总结改革开放以来我国文化发展的经验教训，充分认识全面建成小康社会对文化发展提出的新任务、新要求，研究探讨重要战略机遇期加快文化发展的新途径、新方法，科学地确定今后一个时期推进中国特色社会主义文化发展模式的方案，是摆在我们面前的一项重要而又紧迫的任务。

第四章

供给侧改革背景下的文化规划

文化规划是提高城镇综合治理能力的重要手段，是应对人文生态发展环境和社会经济发展变化而采取的战略选择，是在一定区域范围内对城镇发展进行的总体战略和发展路径的系统部署。因此，文化规划整合了政治、经济、社会、环境、文化等方面的内容，以高度的集成性和系统的科学性，为城镇可持续发展战略提供综合指导。

供给侧改革背景下的文化规划，核心是通过有效的文化产品和服务供给，释放城镇传统产业的无穷潜能，将城镇经济形态从以要素驱动、投资规模驱动发展为主，转向以信息技术创新驱动发展为主，促进研发、生产、输出环节的提质增效和全面升级。因此，供给侧改革背景下的文化规划，对"以人为本"提出了更高的要求，而应用大数据全面掌握和了解"人"的文化需求，更好地通过规划满足"人"的需求，是其核心和重点所在。供给侧改革背景下的文化规划，也意味着从粗放城市走向集约城市，从平面城市走向立体城市，从视觉城市转向多元化城市，从功能城市迈入文化城市的创新实践。

第一节　城市规划的文化命题

文化规划作为城市创新和发展的工具，是在对城市文化资源深刻认知的基础上，探讨城市文化资源如何有助于城市的整体发展，从而进行鉴别创新项目、设计创新计划、整合各种资源、指导创新战略实施的过程。它整合了政治、经济、社会环境、文化等方面的内容，以高度的集成性和系统的科学性，为文化发展战略提供"顶层设计"的综合指导，为城市改造与更新提供协同创新的价值核心。

一、文化发展为城市规划变革提出新要求

追溯城市规划的发展历史，弗里德曼于1986年提出"世界城市"标准后指出，纽约、伦敦、巴黎、东京等世界级城市的竞争力不仅体现在经济上，更体现在社会、文化等领域的综合竞争力上，文化对城市规划和发展的影响越来越显著。世界大都市的文化特征表现在以下七方面：文化已经成为新世纪城市发展的新核心；文化战略先行是政府推进城市文化发展的必由之路；成功的城市文化发展与管理始终是政府与市场、民间互动作用相得益彰的结果；文化产业的创意本质在世纪之交被再发现与再定义；发展文化事业、保障人民的文化权益是现代城市政府义不容辞的职责；城市文化空间布局的"多中心"化趋势已不可逆转；城市文化成为城市核心竞争力的重要组成部分。文化为旧城复兴和新城建设源源不断地注入发展动力，又润物无声地提供增量支撑，在城市规划和区域设计中扮演着越来越重要的角色。它已经融入城市并改变着城市的生活、生产方式。甚至成为城市整体不可割裂的组成部分。

然而，从城市规划的角度看，我们仍旧面临困惑与掣肘。从我国城市规划的现实境况看，迄今为止由西方或苏联输入的规划观念和规划手法，受制于它们短暂的历史或过分渲染的工业化成就，对文化传统普遍存在某种忽视的倾向。即使是诸如对古城古街区保护这

样的规划项目，也只着眼于建筑形体的维持，而对其博大精深的传统文化内涵未加阐扬。在文化日益成为城市生活场景和社会图景的创新时代，文化产业也日趋成为城市增量创新的增长点，并不断呼吁观念转型与技术突破。

从全球范围看，"文化城市"的历史性出场，使"文化"成为一种发展战略，日益受到地区和国家层面的推动与重视，并成为城市转型发展的基本方略和落脚点。"文化规划"是实现"文化城市"的顶层设计，是从战略的高度对"文化城市"的发展目标、路径选择和措施保障等方面做出的规划和指导。如英国伦敦作为工业化最早完成的城市，在经历了工业化的辉煌之后同样面临着进一步发展经济、改善民生的问题。正是在此背景下伦敦确立了以创意文化为核心的文化城市发展路径。相继以市长的名义出台了三份文化发展战略草案：《伦敦：文化之都——发掘世界级城市的潜力》（2004年）、《文化大都市：伦敦市长2009—2012年的文化重点》（2008年）、《文化大都市——伦敦市长文化战略草案：2012年及其以后》（2010年），逐步实现了由工业城市向文化创意城市的华丽转身，并针对维持世界创意都市地位、着眼未来城市创意文化发展、保持城市文化多样性和激发城市文化活力等问题进行了有步骤、有秩序、有重点的规划。

文化的创新、文化产业的发展，为"文化规划"提出了新的要求，它不仅成为当前我国城市规划必须直面的挑战，而且成为城市治理的政策工具。运用文化的思维、融合文化的境界、导入文化的维度、容纳文化的尺度、应用文化的方法、掌握文化的技术手段来丰富和完善城市规划的科学性和完整性，提高城市规划指导城市建设的实际作用，已成为当前城市规划的迫切命题。

二、文化营造为城市规划丰富空间尺度

城市规划是以城市发展演变过程的优化为目标的"顶层设计"，文化与城市的演变过程一样，是一个"产生、聚集、演绎文化"的动态过程。文化是城市的特色和灵魂，而城市则是文化的容器和载体。"文化营造"旨在塑造一种富有吸引力的城市品格，树立一种开放积极的城市精神，形成一种和谐向上的精神风貌。

以文化的力量凝聚起城市的发展共识，发挥出城市的增长动能。"文化营造"丰富了城市规划的空间尺度，创造出以"时间无限"弥补"空间有限"并改造、重构和创造新空间的价值路径，使城市成为折射着其所标榜的文化及其核心价值的容器和载体。

（一）文化贮藏城市记忆

文化贮藏了城市的记忆，"文化营造"以文化的传承为主线，将不断拓展城市的历史空间。这是因为文化一旦与区域社会文化发展相衔接，与日常生活图景相融合，便会逐步建立一种不同社会主体能够相对平等、动态地享有空间权利，相对自由地进行空间生产和空间消费的理想状态。从这一维度看，文化营造是活态的文化形成的生态组群及其构成的生态系统。例如，集合特殊文化资源结合的线性或带状区域内的物质和非物质文化遗产族群而形成的文化线路，把多样的地理、自然和文化景观关联起来，并由于地区和区域

的不同而展示出各自的风格和特征，从而使城市文化从静态走向动态，拓展了文化的空间。

（二）文化激活城市创造

文化激活了城市创造，"文化营造"以文化的创新为主线，将持续拓展城市的活态空间。这是因为文化是一种"充满永不枯竭的创造能力，具有吸收和代谢功能"的时空存在，它不是在时间和空间上凝固不变的对象，而是深深植根于民间和民族个体的心灵深处，体现着各民族的价值观念、审美情趣和心理特征，承载着各民族特定的历史记忆和遗传基因，寄寓着各民族的生活情感与人生理想。从这一维度看，构筑活态的文化，是构筑了文化最优化的生存方式，也是构筑了城市最具活力的发展方式。而动态的文化则是避免将文化置于"历史断层"中而割裂其活态的存在，是一个城市与历史对话、与全球接轨的纽带。打一个形象的比喻：社会文化环境与文化遗产犹如鱼水，无"水"岂能活"鱼"？即便有"水"，若"水"质已经变化，而"鱼"未能与之适应，则同样无法存活。城市规划是塑造城市未来的战略设计，而"文化营造"可以无限放大城市的可能性，将历史的时间坐标不断拉伸，实现文化在城镇化进程中不离本土的动态保护、更迭创新。

第二节 供给侧改革背景下文化规划的立足点

"文化规划"将城镇化和规划均作为动态的"过程",旨在探讨一种将文化融入城市并改变城乡生活方式的平衡式结构,探讨一种基于传承与创新的城镇化发展理念,更彰显着一种凝练城市精神、塑造城市价值的城镇化发展思路。

一、转变文化观念,正确认识文化规划

文化规划是以文化价值引导城市成长、激活城市能量的重要途径。文化是城市保持其独特性和竞争优势的核心资源。以"文化绘标"的方式观察城市发展进程,凸显城市文化特色,规划城市产业发展,可以使城市的传统文化得到极大的挖掘与弘扬,现代文明得到极大的拓展与彰显,人的整体素质得到极大的完善与提升。进而实现城市建设、生态风光、人文景观、城市风貌和人居环境的全面、协调、可持续发展。

(一)理解文化规划含义与文化政策空间核心内涵

理解文化规划与建设的真正含义以及文化政策空间的核心内涵。在我国,文化规划从整体上而言大多由政府主导,借助智库力量开展战略性研究和策略性顶层设计。政府的职责是保证先进文化的前

进方向，弥补市场失灵，提供公共文化服务。文化规划如何运用好政策工具和规划杠杆，为文化产业可持续发展和科学布局提供合理并富有成长空间的发展路径，是文化产业规划要解决的重要问题。

（二）理解区域发展中文化规划与建设的内涵

理解区域发展格局中文化规划与建设的内涵。应该以文化的思维对城市的各种功能加以认识考察，发现城市的创新空间和转型方向。文化规划要从文化的角度考虑和制定各类公共政策，在文化资源和公共政策之间建立一种相互影响、相互协同的关系，开展城市创新决策。这里的公共政策涉及经济发展、住房、健康、教育、社会服务、旅游、城市规划、建筑设计、市容设计和文化政策本身。开放性、跨领域、交叉式的思考能力、企业家精神、组织管理能力是文化规划的核心能力。

二、重塑文化价值，优化城镇产业结构

文化规划是不断寻求城乡文化认同和消弭城乡文化疆界的过程。文化是一个民族的黏合剂，也是族群认同的根基。文化不断被消解，民族也将失去共同的价值信仰。城镇化是为适应产业结构调整和经济发展需求做出的战略调整，是为创造优化合理的生存空间、消费结构做出的发展布局，城镇化不应该泯灭文化特色、淡化文化传统、消解文化基因，而应在基于文化认同的前提下，以文化自觉为内在的精神力量，重塑文化价值，以文化创造活力激发城市探索集约高效、功能完善、环境友好、社会和谐、个性鲜明的新型城镇化路径。

（一）文化规划有助于推动城市梳理文化资源

文化规划有助于推动城市重新梳理文化资源，发现文化禀赋，重塑文化价值，进而促进城市能量的释放和产业结构的优化。以城镇化促进产业结构的优化，可以更好地将农民从个体生产和经营体制中解放出来，以现代企业制度实现分工与合作，有效提高产业效率；以城镇化促进要素结构的优化，可以充分地发挥政府的宏观调控和市场的资源配置作用，为农民提供生活安置和产业转移的地点，提供安置的配套环境与配套政策，从而消除"离土不离乡""进厂不进城"的现象，真正实现"人的城镇化"。

（二）文化规划有助于推动文化产业的发展

文化规划有助于推动文化产业的发展，通过产业融合、产城融合实现城市发展的迭代创新，拉动城市升级。当前我国尚处于工业化中期阶段，第二产业产值比重整体上升且在三次产业中占绝对优势，但其就业弹性低于产值比重仍然较低的第三产业，因此，中国目前的产业结构优化升级对于农村剩余劳动力的有效转移还缺乏真正的带动力，对城镇化的拉动作用还不是很大。文化产业具有的调整结构、优化资源配置、拉动城市就业等方面的特性，恰好弥补了城镇化的问题与不足。通过文化规划优化城市发展的产业路径，可以更好地实现城市有序更新与全面创新。

三、保护文化遗产，传承城市基因文脉

文化规划是保护城镇化进程中文化遗产安全的有效工具。文化遗产以关注文化传承与创新为出发点，从文化景观到历史街区到文物古迹再到地方民居，从传统技能到社会习俗，构成了记录"活态性"、体现"传统性"、具有"整体性"的文化遗产群落。城镇化进程中的文化遗产，以其特有的作用，在历史文化教育、乡土情结维系、文化身份认同、城镇特色塑造等方面支撑着一个地区和民族的文化生态系统，这一系统不仅构筑了人们生产、生活必需的物理空间，更构筑了人们赖以生存与发展的文化空间。保护、传承文化遗产就是守护文化安全，守护文化记忆，守护人们理想的精神家园。

　　城镇化破坏性开发是文化遗产记忆濒临消弭的主要症结。在文化规划缺位的城镇化进程中，旧城改造往往使历史城区、历史街区的整体环境日益恶化，本应成为城镇发展核心文化景观的历史城区、历史文化街区和历史建筑等遗产，在拆建中遭毁坏，而新城开发又往往忽略文化遗产的生存空间，城市功能、城市环境与城市精神、城市文化难以有机地统一起来。文化规划可以有效把控文化遗产的差异性和不可控性，通过构建城镇发展与活化文化遗产的规划框架，改变以单一保护规划为主导的技术框架，建立以城市发展战略和总体规划为统领，以保护规划为基础，以城市设计为支撑，以详细规划和建筑设计为具体落实手段的规划技术体系，从而对不同区域、不同禀赋、不同经济发展阶段和不同文化风貌地区的文化遗产展开不同路径的保护方式与创新手法。

第三节　重新认识供给侧改革的文化规划

一、文化规划亟须"独立精神"和"全球视角"

城市代表了我们作为一个物种具有想象力的恢宏巨作，体现了我们具有能够以最深远而持久的方式重塑自然的能力；城市也代表着人类不再依赖自然界的恩赐，而是另起炉灶，试图构建一个新的、可操控的秩序。城市作为要素集聚的富饶之地，是多元文化、多维生态的熔炉。而城市规划是城市建设和发展的蓝图，以广阔的视角、全球化的眼光、战略性的思维规划文化发展路径，设计文化产业成长模式，是新型城镇化进程中文化创新和发展的有效方式。

（一）秉持文化规划的独立精神

在全球化背景下，世界城市在城市形态、制度规范、市民行为等方面日趋雷同，只有文化上的区别显得尤为重要、更有价值。秉持规划的独立精神，是城市成长和建设的"破立并举"过程。一方面，文化规划的独立性是保持文化特色的重要条件，是城市文化价值凝练的萃取过程和城市文化特色升华的推演过程；另一方面，文化规划的独立性是增加文化规划自觉意识的基本前提，是通过"顶层设计"优化城市结构、解决城镇化进程中的城市发展矛盾和文化发展困境的实现过程。

（二）拓展文化规划的战略视角

文化规划的路径是全球视野下"顶层设计"与"路线图"并行不悖的有效范式。城市的演进展现了人类从草莽未辟的蒙昧状态到繁衍扩展至全世界的历程。文化规划即建立在传承城市记忆、绵延城市文脉、永续城市基因、发掘城市性格、重塑城市品质的基础上。文化规划的编制，首先需要广阔的视野和战略的思维，以广泛吸纳和融合世界城市多元文化和多维生态为积淀。以注入人文关怀、关注人文精神、融入人文内涵的思考和探索，设计城市文化产业发展的战略路径。

二、文化规划亟待"以人为本"的工具创新

在快速的城镇化进程中，信息的"孤岛效应"一直是制约城镇发展的因素之一。要建造高效、和谐、可持续发展的城镇环境，需要合理的文化规划；编制合理的文化规划，需要了解城镇的发展历程，预见城镇的发展进程；了解城镇，需要掌握多方面的数据信息，并对信息进行汇聚和分析。

（一）以"技术主义"满足"人本主义"诉求

供给侧改革的核心是从新的供给的角度，为城市发展和城镇化提供基于人的全面发展和提升人的生活品质的创新路径。在这一背景下，文化规划需要逐渐从以"经济活动和建设用地"为核心的物质空间规划转向以"个体日常行为活动"为核心的社会空间规划。显然，以海量化、多元化和高精度数据为表征的大数据时代的到来，为精

确认知和掌握城市居民的时空行为特点及进行科学的模拟预测提供了丰富的土壤。虽然大数据时代对城市规划的技术方法、内容及实施评价等带来了诸多方面的影响,但城镇化归根到底是人的城镇化,即城市规划需要"以人为本",关注个体的生活品质。因此,大数据的发展需要满足人本主义的诉求,并与技术主义相结合,协同推进规划设计、规划思路与方法创新,而非技术主义至上,过分夸大其对城市规划的影响。只有这样,才能将大数据转变为对城市功能品质和市民生活需求的切实提升,为新型城镇化背景下的城镇建设提供重要支撑。

(二)以"区域规划"引导"城市规划"

全球经济一体化背景下,城市圈是国际交流、分工和竞争的基本单位。构建城市圈与全国、全球各城市圈之间进行交流、分工的广域交通体系,是强化城市圈国际竞争力的关键所在。随着区域之间的竞争逐渐演化为城市群与经济圈之间的竞争,区域之间的竞争合作更加密切,广域经济社会发展的联系愈加紧密。城镇发展与区域经济发展关联紧密,城镇发展各要素之间的流通和市场资源的配置,常常超越区域范畴,跳出行政区划,形成活跃的现代市场体系。这就要求在推进城镇化建设的过程中不能囿于一地之隅,而应"高瞻远瞩",及早谋划,主动融入大城市体系中,为城镇发展开辟和预留出更大的空间。

城市群与经济圈协同发展背景下的文化规划制定,必须考虑到围绕大数据海量信息处理能力而进行资源的有效配置。城市圈域经济的一体化和发达的基础设施网络,为大数据应用提供了有利条件,它们促成了圈域内产业结构互补和多元化发展,具有不断创新和向高级化演进的能力,并能从空间上不断地向外扩散和延伸,具有较强的外向型经济功能。从这一维度看,大数据时代的文化规划既要融入城市群总体规划,又要在区域格局中保持相对独立和具有特色,既要以城市群为消费市场,建立面向全球的特色城镇发展体系,又要以强大的杠杆来驱动本土社会经济的全面发展,以全面、综合的协同创新能力驱动城镇经济社会发展。

三、文化规划将着力聚焦城市发展的"有效供给"

(一)应用大数据技术制定"智慧规划",提高文化规划的实施效率

智慧城市是医治城市病的新药方,其核心特征是将信息资源作为重要的生产要素,来推动经济转型升级,再创发展新优势。智慧城市就是运用信息和通信技术手段感测、分析、整合城市运行核心系统的各项关键信息,从而对包括民生、环保、公共安全、城市服务、工商业活动在内的各种需求做出智能响应。其实质是利用先进的信息技术,实现城市智慧式管理和运行,进而为城市中的人创造更美好的生活,促进城市的和谐、可持续成长。智慧城市是以互联网、物联网、电信网、广电网、无线宽带网等网络组合为基础,以智慧技术高度集成、智慧产业高端发展、智慧服务高效便民为主要特征的城市发展新模式。智慧化是继工业化、电气化、信息化之后,世界科技革命又一次新的突破。利用智慧技术,建设智慧城市,是当

今世界城市发展的趋势和特征。

"智慧"是赋予精神的一种境界，智慧城市则是高于数字化城市、智能化城市，让市民依托信息化基础建设的完善，充分享受城市信息化带来的智慧化城市生活。智慧城市的理念就是把城市本身看成一个生态系统，城市中的市民、交通、能源、商业、通信、水资源构成了一个个的子系统。这些子系统形成一个普遍联系、相互促进、彼此影响的整体。在过去的城市发展过程中，由于科技力量的不足，这些子系统之间的关系无法为城市发展提供整合的信息支持。而在未来，借助新一代的物联网、云计算、决策分析优化等信息技术，通过感知化、物联化、智能化的方式，可以将城市中的物理基础设施、信息基础设施、社会基础设施和商业基础设施连接起来，成为新一代的智慧化基础设施，使城市中各领域、各子系统之间的关系显现出来，就好像给城市装上网络神经系统，使之成为可以指挥决策、实时反应、协调运作的"系统之系统"。智慧的城市意味着在城市不同部门和系统之间实现信息共享和协同作业，更合理地利用资源，做出最好的城市发展和管理决策，及时预测和应对突发事件或灾害。

（二）应用大数据技术评价分析区域资源，凸显文化规划特色

从城镇特色产业发展的角度而言，文化规划的关键是"以文兴业，特色发展"，即加强对城乡文化资源的保护和开发，发展特色文化产业。具体而言，应充分发挥生态、历史、人文优势，体现区域差异性。提倡形态多样性，防止千城一面，发展有历史记忆、文化脉络、

地域风貌的美丽城镇；推动城镇化进程中文化与旅游、体育、信息、物流、建筑等产业融合发展，提升品牌价值，增加物质产品和现代服务业的附加值和文化含量。

大数据时代，数据即资产。通过大数据技术，对大规模人群的喜好数据进行分析，能够明确目标受众的需求，创造出适销对路的文化产品；通过大数据技术，能够有效分析出用户的消费承受点，找到产品成本和运营收入之间的平衡点，从而在降低产品运营风险的前提下，覆盖最广的消费人群；文化企业通过搜集整理游客的情感体验数据，能够有效分析和提炼市场的时尚和审美发展趋势，这些数据有助于企业实现"产业文化化、产品文化化"。利用大数据时代丰富的数据，文化规划研究可以发现传统统计周期中更多的变化，研究城镇及城镇化在更短时间内的运作方式，而不再受制于数据统计周期；可以更多地研究城镇流的运动和机动性，而不再局限于空间固定的土地使用场所。

大数据时代丰富的数据和新兴的数据处理技术，如智能手机的普及、车载 GPS 的推广和物联网的应用等，将为城镇在微观层面的研究提供基于个体的高精度的时间、空间数据，为深入挖掘个体行为差异及其对集合的影响提供可能。另外，文化规划研究将从相对简单的观察转向更复杂的模型模拟。利用大数据时代丰富的数据，文化规划研究可以更充分地验证当前城镇研究中的假定，采用更为复杂的模型分析城镇系统、模拟多变量的结果，甚至发展新的理论。例如，分析企业名录中的文本数据所代表的空间位置、商务关系，研究城镇网络复杂性结构特征。基于大数据本身的特性，其提供了从"小样本分析"到"海量呈现"，从"滞后化"到"实时化"，从"专家领衔"到"公众参与"，从"人工化"到"智能化"，从"分散化"到"协同化"等多维转变的可能。"众包实践"的规划变革，更加有利于实现"以人为本"的城镇化要义，有助于推进新型城镇化进程中的基本公共文化服务均等化，促进社会进步和公平正义，让全体居民共享文化发展成果。当然，文化规划的理论和实践不是一成不变的，随着文化科技的融合以及多学科参与文化规划的日趋活跃，文化规划的理论不断丰富，文化规划的实践也不断创新。随着大数据在文化规划领域的应用更为广泛和深入，以工业化、信息化、市场化和城镇化加速融合为典型趋势的城镇发展路径也将愈加清晰。

第五章

供给侧改革视角下的文化空间重塑

城镇化是未来中国经济持续增长和民生福祉提升的必由之路,也是最终形成中国发展模式的重要锻造车间。随着城镇化建设的不断推进,制度创新日益深化,市场经济日趋成熟,城镇空间结构不断适应市场经济发展方向和市场资源配置方向,逐步演绎出愈加丰富的形态和模式。但与城镇化相伴的,是不断湮没的城市记忆、不断消解的乡愁和难以均衡的空间正义、不断突出的文化空间与城镇空间以及文化传承与城镇化发展的结构性矛盾。然而文化这种控制城市空间的有力手段在现实中常常被忽略。一方面,文化在基于历史保护或地方传统的城市的发展策略中起着重要作用;另一方面,作为意象与记忆的来源,文化象征着"谁属于"特定的区域,因而也日益成为时间、空间和日常生活之间的枢纽和特殊场域。文化治理的主体是"政府+社会",政府发挥主导作用,社会参与共治。可见,通过制度安排并利用和借助文化的功能,文化治理可以有效地克服与解决城镇空间演进中的问题。因此,以文化治理为主线,探索修复空间正义、塑造人本空间和优化时空关系的治理路径迫在眉睫。

第一节　供给侧改革视角下的文化空间分析

一、地缘优势：交通网络与区域格局

地缘环境下交通网络与区域格局的战略地位，决定了文化规划的空间设计和业态布局。城市的地理特征、相对可达性、建设控制和动态作用是影响城市结构的四大要素；其中，地理特征较难改变，建设控制需要强大的行政力量，相对可达性则是最活跃的要素，因而决定相对可达性的交通政策和交通条件对城市结构有着极其重要的影响。其中，交通既是产业和城市发展的基础，又是发展的结果。产业和城市的发展增强了各自的联系，产生了更多的物资流、人力流、经济流、信息流需求，这需要有相应的交通载体与之适应；产业和城市竞争力提升的需求，对交通的通畅性、舒适性、安全性、服务及时性、交通方式的协同性和道路等级提出了更高的要求；产业辐射范围和城市腹地的扩大，促进了交通线路在地域上的推进。因而，产业和城市的发展促进了交通的发展。交通的发展又进一步激发了沿线经济的发展和人口、产业等要素的集聚，如此反复循环，使得产业和城市向交通走廊不断集中，逐渐形成了以交通走廊为依托的经济发展轴，结合分布于交通走廊上的城市，共同构成了城市空间发展的点轴格局。

（一）交通网络

交通线以其关联效应成为城市发展的轴线，并形成了水运时期的单侧带状和散点状布局、陆路时期的星状或块状布局、综合交通时期的都市连绵带三种城市空间布局形式。交通条件是城市空间格局演变的主要引导因素，也是文化产业规划设计的重要出发点。空间地理关系诸要素中，资源的可利用性和交通的可达性及便捷度是影响城市、经济和产业发展的两大关键因素。在现代经济区域化、国际化的背景下，资源可以更方便地在全球范围内配置，因而对城市发展的制约作用逐渐减弱；交通的可达性和便捷度则成为影响城市关系和产业关联的最主要因素，直接决定着企业和产业的运行效率、时间与成本以及城市间的交流与联系，因而在很大程度上决定着产业和城市的竞争力。文化规划的空间布局和产业布局很大程度上均围绕交通的通达性和便捷性量体裁衣般地设计形式和业态。

（二）区域格局

文化规划的编制必须将地理因素和地缘状况纳入其中。从渊源上讲，城市的兴起是基于一定的地理位置和交通状况的，并由此影响到城市的功能和人们的生活状态，进而孕育出相应的城市观念和文化。在我国古代，由于城市具有鲜明的政治性和军事性，因而地理因素的影响更为突出。一方面，城市的布局集中体现了统治体系和地域控制的需要；另一方面，城市的辐射力局限于特定的行政区划和空间范围。在此基础上，城市文化的发展也呈现出单一性和地区性的特点。

从城市演进的规律和文化发展的规律来看，文化产品和文化服务只有通过文化消费才能够产生更大的经济价值，而本土居民对文化消费的吸收力有限，优质的文化资源、良好的文化生态、富有创造力和吸引力的文化项目，应当面向城市群、都市圈甚至更大范围内的客源，作为跳出区域界限和形成区划的文化消费或文化旅游目的地而言，在一定的发展基础下，交通决定了其市场的繁荣程度和消费的活跃程度。而城市发展的历史经验也进一步表明，交通是城市发展的主要动力，它决定着生产要素的流动、城市体系的发展，甚至是城市的兴衰。交通枢纽和干线两侧通常是新城市的生长点，也通常是文化项目集聚的区域以及文化产业迅速增长的空间。现代社会经济一体化和都市网络化的环境下，城市不再是独立的地理单元，而是超出了地域限制，被纳入区域循环的交流圈甚至更大的范围之中。城市的发展视野也不再限于小范围的行政区划，而是从区域经济、交流地位等方面出发确定城市的发展策略。城镇化既要立足于自身的地理条件和特点，保持和发挥本地优势，又要突破本地观念，整合区域文化资源。

除了交通因素之外，地缘的接近性及城市圈范围内或区域范围内相关文化资源的互补性及相似性，也是文化规划需要着重考虑的因素。地缘经济条件下的文化特性既可以作为文化产业开发的优势资源进行利用，又可以以地缘相近为优势条件展开分工与合作。地理接近性使得文化脉络存在一定的相似性，共同的文化渊源使城市文化发展形成一个依托文化基因的完整的集聚区或主体功能区。为区域协调与合作、发挥城市机能、实现区域内外的协调发展提供了天然的优势。因此，文化规划在地缘战略下可以更好地以文化发展率先突破区域联系政策的束缚或行政管理体制的束缚，在经济、社会、文化发展空间、文化管理制度等要素上，通过文化协调发展机制促成区域协同创新与产业整合。

二、文化优势：文化资源与人文生态

马克思曾经说过，工业文明是一本打开了的、体现着人类本质力量的书，这本书的灵魂就是产业哲学，它的骨骼与内容是一幅徐徐展开的、体现着人类本质力量的人文画卷，那就是城市文化。城市，尤其是国际化的城市，其政治、经济、贸易、金融具有强大的、超出城市本身的辐射半径；它的运行经常会产生某种新的利于文明进步的趋势和机制或是能够迅速接受新趋势和新机制；它的基础设施是一流的也是现代化的；它的社会发展稳定、有序、健康、迅速；它的法规和管理方法接近国际惯例或与国际惯例通行；它与其他地区和国家的人员双向往来频繁；它一般产生在世界经济发达地区并具有优越的地理位置；它的第三产业是发达的，就业于第三产业的人口比重为60%以上。就国际化城市指标来看，文化是不可或缺的因素，从文化产业规划编制的视角看，文化是灵魂性资产。

（一）文化生态

良好的审美文化生态是文化规划需要的条件，也是规划着重塑造的景观。加强城市人文精神建设，可以为构建社会主义和谐社会、提高城市核心竞争力打下坚实的人文基础。这是一个明智而具有战略意义的选择，它对于提升城市的人文发展水平、建设国际化城市，具有至关重要的意义。当今世界的现代化城市都是人文城市，都关注自己的人文品位、人文魅力，如纽约、巴黎、法兰克福等，它们都有着巨大的文化流通量。城市建设的本质是以人为本，人文精神是国际化城市建设的重要组成。因此，在未来的城市建设中，需要以和谐的审美精神为出发点，从社会安全保障条件、生态环境水平、市民生活质量水平和市民生活便捷程度等监测角度出发，对社区的文化宜居指标做出评价，从而从本质上提升文化生态环境质量，以人文精神作为建设国际化城市的动力源。

（二）文化服务基础

良好的文化服务基础(包括文化服务的软环境和硬环境)构成了强大的区域竞争力，是文化规划设计中应当充分利用的条件，也是规划能够实施的重要保障。文化设施是营造城市文化环境必不可少的要素，具有国际水平的科技、文化、教育设施及国际性科技文化交流中心，是评价国际化城市的重要标准。在欧洲，以大剧院为中心的文化广场比比皆是；在北美，更有近代的文化中心建筑组群，突出了文化设施在城市中的多元功能和优美形象。有独特的城市文化、优美的城市风貌和自然景观以及丰富多样的休闲、娱乐设施吸引国外旅游者，从而形成国际科技文化交流中心和旅游中心。要实现创意城市的物化，就需要在技术迅速扩散和普及的时代，实现产品创新转向价值创新和创意设计、创意策划以及创意成果的迅速孵化和多重应用。发达的文化产业体系是建设国际城市的重要组成，是衡量城市文化竞争力的主要依据。文化产业在激活城市内在文化要素、刺激消费需求、转变增长方式和调整产业结构、扩大就业规模、完善城市功能、展示城市风采、提高城市竞争力和美誉度及知名度等方面，发挥着不可替代的作用。

（三）文物资源和城市遗产

丰富的文物资源和城市遗产是文化规划的重要突破口，在保护文化遗存的基础上，通过文化产业的科学规划和合理开发。赋予历史遗产新的生命力，是文化产业规划需要解决的问题，也是规划的重要亮点。人类注定难以跳出传统的掌心。城市历史文化遗产首先是一个水库，它蓄积着可能成为人们依恋对象的历史文化宝藏。历史文化遗产最本质的意义是人类的记忆，历史文化遗产正是通过恢复人类过去的记忆而服务于现在的。如果一个城市的文化遗存保护和经济发展的关系无法充分协调，将导致城市文化脉络的断裂，从而陷入"千城一面"的怪圈，失去城市的个性和特色，那么也就难以成为一个有吸引力和感召力的城市，自然无法有效地与世界进行对话。

三、经济优势：产业基础与组织空间

（一）经济状况决定城市文化发展方向和水平

从根本上讲，经济状况决定着城市文化的发展水平和方向。经济活动中的生产、分配、交换、流通、消费等各个环节，既在创造着文化，也在改变着文化，因而，一个城市的经济模式在很大程度上决定了这个城市的文化模式。大城市完整的产业和市场体系以及多样化的经济结构，固然有助于形成丰富多彩的文化形态和强大的文化吸引力；中小城市相对单一的产业和市场优势，同样也有助于形成富有自身特色的城市文化。可以说，经济优势是文化发展的基础，是文化规划重要的立足点和支撑体系，经济的繁荣和市场的需求为城市文化的扩张提供了成长的空间。

（二）城市经济发展要素配置的角度的文化规划

从城市经济发展要素配置的角度而言，文化的产业结构、要素结构和需求结构是突显城市特色的关键，也是优化城市发展方式的关键，因而是文化规划的战略重点。文化规划的编制，一方面需要充分挖掘城市产业结构中有利于文化发展的信息和资源，对区域发展中的主导产业、相关产业以及对文化经济具有综合带动性的产业进行全面的分析；另一方面要以文化产业的发展优化传统产业的结构，以传统产业较为成熟的发展基础为文化产业发展提供嫁接的平台。

（三）城市经济发展结构优化的角度的文化规划

从城市经济发展结构优化的角度而言，文化规划主要致力于改变过度依赖第二产业的现状，并实现一、二、三产业的协调发展，即通过文化与旅游、科技、金融、建筑、房地产等产业的结合。实现文化业态的更新，通过文化纽带，实现文化发展与一、二产业相结合，催生以工业旅游示范区、文化特色乡镇为代表的特色产业集群。这两者均体现出文化作为产城融合的节点作用和纽带功能，因而着力提高文化创新力和文化凝聚力是文化规划的重点和难点。

（四）文化规划的重要目标

文化规划的重要目标之一就是将经济的优势与文化特色嫁接，将经济发展的基础与文化发展的禀赋融合，文化产业正是整合经济与文化功能的有效路径，是文化规划设计的主体和孵化的重点。文化产业的融合发展是创新文化发展方式的路径和文化产业升级的重要手段，也是文化产业规划设计的核心路径。在对区域文化产业发展基础进行优势分析时，应当充分挖掘文化产业各要素以及文化产业各行业之间可供融合的资源，挖掘文化产业与第一二产业以及现代服务业中其他行业类别里可供整合的资源。因此，我们要关注并充分放大文化与科技融合的资源。文化与科技的融合发展已经成为社会经济发展的新趋势、新动力和新增长点。科学技术的每一次重大进步，都会给文化的表现形式、传播方式和发展模式带来革命性的变化，也为文化产品的生产、加工、复制、传输提供了更有效的技术支撑。全面构建文化科技支撑体系，加强顶层设计，科学战略规划，加强载体建设，推动自主创新。加强优化服务，营造良好环境，加强学科创新，培养专业人才等路径，成为文化规划编制中重点考虑的环节。

四、社会发展优势：文化消费与城市规模

社会审美水平和公民文化素质的综合提升，决定着城市文化水平的高低。新型城镇化进程中对"新市民"审美观的重塑，是文化规划的重点要素，而这一要素的呈现形式，往往是渗透在规划的战略定位、空间设计、产业设计的整体表达中的。审美观是指人们对客

观事物和现实的审美价值把握，它表现为人们从审美角度做出的评判、评价和行为倾向。一座城市的精神风貌往往是市民在思维方式、价值取向、理想人格、知识水平、道德水平、审美情趣等方面的综合素质的反映。现代化的文明城市要求具有各种现代文明素质的市民与之相适应，而城市中经济、政治、科技、文化的现代化，也为市民素质的现代化提供了客观条件。只有全面提高城市的经济发展、人的全面发展、社会全面发展的审美文化内涵，逐步建立城市文明的价值体系，拥有文明健康的社会秩序、较高文化素质的城乡居民、先进的思想观念和道德规范、淳朴的民风民俗、发达的科学教育、繁荣的专业文化和社会文化及文化产业、健康有序的文化市场，才能够成为文化特色鲜明、竞争优势突出的国际性创意城市。

（一）城市规模对文化消费的作用

从城市文化可持续发展的角度看，城市规模对文化消费的作用显著，这也将成为文化规划布局的重要参考系数。新型城镇化的重要指标和目的是农民市民化，使城市常住人口——市民群体在生产收入、生活条件、文化水平等方面得到全方位的提升，从而使全社会的素质得到大幅度提升，为构建和谐社会奠定重要的人文保障。而城乡文化市场的不断扩张，又为城乡居民就业提供了重要渠道。新型城镇化是由产业结构非农化引发的生产要素从农村向城市流动和集中促成的，农村的生产方式、生活方式逐渐与城市接轨，最终实现城乡一体化。城镇化过程中，失去土地的农民如何就业将是未来城市发展要解决的重要问题。我国高度重视文化产业，不断出台的各类文化政策形成了一定的虹吸效应，吸引了越来越多的有生力量投入到文化发展当中，促成了新的就业高地。

（二）文化消费对城市规模的作用

反过来，文化消费能力和消费水平的提升，又对城市规模化扩展起到了积极的促进作用，这也成为文化规划空间设计和产业设计的坐标。文化消费是人们生活的重要组成部分。它如同一把尺子，能衡量一个国家、一个地区、一个民族的进取精神和状态，同时也改变着人们的消费趋向。文化消费或者文化产业规划编制的重点因子，对当下文化消费能力的把握，对未来文化消费水平的判断，以及对城市圈内或更大范畴内文化消费能力的掌握和消费形式与内容的科学预测，决定了文化发展的方向、行业成长的方向、市场集聚的方向和项目设计的方向。我国居民的文化消费演变先后经历了"粗放型消费"阶段和"集约型消费"阶段，目前正在进入更加注重消费品质的"舒展型消费"阶段。文化消费占人均消费支出的比重越来越大，这一阶段文化规划的编制需要充分利用文化资源，创新文化形式和内容，提供高质量、多类型的文化产品和服务，积极引导城市文化消费，丰富居民的精神文化生活，使文化在新型城镇化进程中发挥更加重要的作用。

第二节 供给侧视角下实现
文化空间正义的基本要素

空间是当代资本存在的重要方式,正是通过不断的全球化空间生产,资本及其生产方式才得以自我生成和延续。文化是城镇空间演进的黏合剂,文化治理视角下的城镇空间演进,使城镇空间不再是与人无关的、永恒不动的空容器,而是由具有观念、情感的社会人所生产和创造的地理空间和文化空间的合集,是"自然—社会双向互动"以及"被改造的自然社会双向互动"构成的动态有机体。

一、本质:修复空间正义

城镇化的本质是实现空间正义。新型城镇化是不断构建一种符合伦理精神的空间形态与空间关系,逐步建立一种不同社会主体能够相对平等、动态地享有空间权利,相对自由地进行空间生产和空间消费的理想状态的过程。它以推动空间行动、建构空间正义为目的,主要由文化生产的空间性、文化消费的空间性和文化流通的空间性构成。

空间正义既是社会正义的重要组成部分,又是空间问题凸显的现实诉求。空间正义在形态上表现为空间辩证。城镇空间是形式与活动、静态与动态的统一。作为相对静止的形式,城镇空间表现为土地、建筑等物理结构以及人们的社会地位、财富状态等。作为相对动态的活动,城镇空间是人们在一定社会结构下的创造,"产生于最广义的社会生活及有目的、计划和政治性控制的'语境化'和'空间化'。"空间正义在本质上产生于集体行动。没有多元的空间性集体行动也就没有空间正义。因此,文化治理在空间形塑的表达,是一种集体的正义,是在追求城乡文化资源配置效率的基础上,最大限度地保护不同群体的基本文化权益,提供不同内容和形式的文化服务。

二、核心:重塑空间尺度

城镇化的核心是"人的城镇化"。新型城镇化是寻求城乡文化认同,实现理想身份,消弭心灵距离的空间尺度重塑过程。它以一个"集中性"的人类社会形态,重构着全球文化演绎和世界要素推演过程中因人口和经济活动集聚形成的新空间。

重塑空间尺度的演绎过程是以文化关怀驱动城镇化,实现生产方式、生活方式、思维方式城镇化的过程。从这一角度看,城镇空间的重塑不仅仅是城镇建筑空间的无序扩大,更是城镇居民心灵空间有序升级的过程。因此,增强城镇空间公共文化产品的供给,提高城镇空间公共文化服务的能力,构建兼具时代性、创新性和开放性特征的公共文化服务保障体系,是适应"人的城镇化"的基础。

重塑空间尺度的核心价值,是给每一个生活在其中的人建构一种有人生价值的工作与生活方式。从这一角度看,城镇不仅是一个居住的地方,更是一个通过就业和创业实现理想价值的地方。因此,在城镇化的物理空间层面打造宜居宜业的便捷、高效尺度，在城镇化的文化空间层面打造具有人本价值和归属感的邻里尺度，是实现"人的城镇化"的重点。

三、关键：优化时空关系

城镇化可持续发展的关键是创造新空间。新型城镇化正是以"时间无限"弥补"空间有限"并改造、重构和创造新空间的过程。文化治理路径的创新，可以有效地优化时空关系，放大时间的历史价值并削减空间的距离成本，进而创造新的时空关系的城镇载体。

优化时空关系要求在城镇化进程中体现时间价值。时间价值的实现过程是在"留住往日的时间"中"再造往日的空间"的过程。例如，文化遗产的历史价值使其在一定程度上能够以新文化经济形态的形式恢复和重建时间及空间。因此，从区域社会发展的角度看，文化遗产"不应是供移植或替换的模块，更不是铁铸石凿、僵硬凝固的古董，而是一种不竭的创造能力，其具有吸收和代谢功能的结构"，一旦与区域社会经济发展相衔接或融入新型城镇化发展进程，与城市更新相融合，必将促进产业结构的调整和升级，进而引起时空关系的优化和转变。

优化时空关系要求在城镇化进程中削减空间成本。空间成本的节约是在区位优势作用下形成的价格低谷。例如，文化产业园区的空间距离在一定程度上为企业节约了地租成本，但其文化形态却往往使其能够成为消弭城乡界限的文化节点。区位优势作用下形成的以园区为圆心的区域中心地，不断吸引着相近或相似产业（企业）的集聚，产业（企业）的集聚又带动了城镇配套产业（企业）的发展和完善，进而推动了城镇空间由内向外圈层式的扩张，从而加快了城镇化进程，最终在区域内形成相对稳定合理的均衡空间，缓解了中心城区或城市核心区域用地紧张、资源稀缺、成本高昂等现实问题，推动了城镇化的圈层式扩张。

第三节　供给侧视角下
文化空间治理和重塑的思路

一、空间治理思路：坚持文化弹性，加强文化自觉

（一）从文化刚性到文化弹性

新型城镇化是以城乡统筹、城乡一体、产城互动、节约集约、生态宜居、和谐发展为基本特征的城镇化。"以人为本"的新型城镇化对公共文化服务体系的完善和提升提出了更高层次的要求。而当前我国城镇公共文化服务体系建设中最为突出问题之一，便是公共文化服务刚性供给与民众文化需求弹性发展的矛盾。

从城镇发展中公共文化产品和服务的供需关系上看，我国城镇公共文化需求总体上趋于弹性发展，主要表现为公共文化需求的异质性程度较高，基础性需求与差异性需求明显。随着城镇化对内需的拉动和对消费的释放，公民文化消费需求更加多元化，在注重公共文化服务满足普惠性和均等性的同时，对公共文化产品和服务的内容及形式提出了更深层次的要求，地域性、特色性的文化服务供给呈现出因地制宜的特点。

与民众文化需求弹性发展相对应的是，我国政府公共文化服务目

前仍然以刚性供给为主，主要表现为公共文化服务供给形式老套，活动稀少单一。难以满足群众基本的公共文化需求；公共文化服务经费供给不足，公共财政优先保障能力薄弱，文化设施管理脱节，难以维持正常便利的文化服务；民众文化需求表达机制缺乏，公共文化服务与民众的文化需求脱节等。因此，从文化刚性转向文化弹性，以本土化、多元化、差异化的方式为城镇化发展提供因地制宜的公共文化产品和文化服务，是提高城镇文化治理能力，优化城镇文化空间布局，提升城镇文化认知水平的重要路径。

（二）从文化规约到文化自觉

城镇作为诸多要素的集聚之地，是多元文化、多维生态的熔炉。文化能够以无形的意识、无形的观念，深刻影响着有形的存在、有形的现实，深刻作用于经济社会发展和人们的生产生活。只有劳动力的非农业化和劳动力的空间转移并不是真正意义上的城镇化，仅有人口的集聚和产业的优化而没有生活质量的提升和人居环境的优化也称不上高质量的城镇化。因此，新型城镇化的文化治理是建立在"文化规约"基础上。以文化价值观提高文化治理能力，实现"以文化人"的过程。

空间秩序的变革，不仅是空间层面的必然，而且是规范层面的应然。文化规约的任务是在城镇的性质和规模确定的基础上，在城镇规划的框架下，以在社会经济发展与文化经济发展的适用性评定的基础上做出文化发展的统一安排、合理布局和战略部署。而随着文化价值观与人们的生活方式的不断融合，形成了外在的文化治理能力，与行政管理模式结合，又形成了内在的文化治理能力。在文化治理能力的作用下，城镇化开始从以广阔的视角、全球化的眼光、战略性的思维规划文化发展路径设计文化产业成长模式的"文化规约"，向在传承城市记忆、绵延城市文脉、永续城市基因、发掘城市性格、重塑城市品质的基础上，有序更新城市以实现整个区域的自然、经济、文化可持续发展的"文化自觉"转向。

文化自觉作为一种意识，本身具有极强的创造性和开拓性，其能够明白自身的过去、现在，知道自身的优劣所在，知道别的文化对自己的补益、针砭作用。能够理性把握自身未来的发展趋向，就会努力去创造未来，开拓未来，更新自身，发展自身。文化自觉是城镇化的根基，是城镇化过程中人的内存精神动力，代表了城镇化过程中的软实力。新型城镇化是"资源节约、环境友好、经济高效、社会和谐、城乡互促共进、大中小城市和小城镇协调发展、个性鲜明的城镇化"。新型城镇化对城乡发展过程中文化的传承、文脉的延续和历史的记忆提出了新的使命和要求，以文化自觉推动城市化进程，以特色文化资源的市场化与资本化进程驱动特色城镇的形成，可以为新型城镇化提供有益的实践和有效的模式。

二、空间重塑思路：把握文化规律，实现多元治理

（一）城镇发展规律与文化演进规律的双效统一

文化治理视角下城镇化空间逻辑的目标是实现地球的多样性和人类文化的多样性，从而在加速变化的社会里，为人类保存一个合适的生活空间，使城镇空间、文化空间和自然空间在社会生活中发挥

积极的作用，并把当代成就与昔日之美纳入共同的目标中。

实现城镇发展规律与遗产演进规律的双效统一，需要在秉承文化演进规律的基础上，面向城镇可持续发展进行资源梳理。在对我国不同区域独特的自然地理环境、等级制度、文化信仰和长期生产活动进行田野调查的基础上，我国传统的人工与自然、城邑与区域、空间与时间等要素的研究以及深入探讨时间维度和空间维度之间的内在关联性的分析和梳理，为城镇化建设进入追求质量、寻找特色的发展阶段提供了文化给养。

实现城镇发展规律与遗产演进规律的双效统一，需要在秉承城镇发展规律的前提下创新文化治理方式，通过借鉴国外保护经验和探索"社会化保护"新路的方式，即坚持"以古为本""以民为本"的保护理念而非"旧城改造""旧村改造"的开发模式，实施"新旧分开、有机更新"，这样做还可以广泛探索历史村镇"社会化保护"新路，即地方政府在逐年加大财政保护资金投入的同时，采取政府补助、社会赞助、个人捐款等多种方式筹集保护管理资金，通过土地、房屋产权的置换或租赁等方式，吸纳民营资本、风险投资基金、民间集资、使用人出资等资本参与村镇历史建筑的保护利用和管理，也就是以多元投入的方式创新城镇治理路径。

（二）区域发展规划与社区文化规划的"双规合一"

随着城镇化进程的不断推进，外部环境与内生动力的变化使得未来的城乡发展无法沿袭既有的路径，粗放、短视的治理模式已经难以为继。同时，随着城乡规划日益为社会公众所认同与熟悉，越来越多的社会主体要求通过城镇规划来表达自身的利益诉求。面向城镇整体战略性发展的协作规划和城镇局部建设性发展的文化社区规划的"双规合一",是以文化治理重构城镇空间的有效方式。

城镇协作规划与社区文化规划的"双规合一",是不断寻求城乡文化认同和消弭城乡文化疆界的过程,是在基于文化认同的前提下,以文化自觉为内在的精神力量,以文化创造活力激发人们探索集约高效、功能完善、环境友好、社会和谐、个性鲜明的新城市发展空间的主体行为,体现了以"文化弹性"和"文化自觉"推进文化治理的路径创新。它不仅仅是线性的"破旧立新"的发展过程,更是城市文化价值凝练的萃取过程和城市文化特色升华的推演过程。一方面,"双规合一"的路径始终可以将文化生态涵育、文化遗产保护、文化空间营造、文化民生建设等纳入城镇发展战略之中,加强"文化评价"在旧城改造和新城开发中的作用;另一方面,加强城市设计工具在文化治理中的作用,从而建构省域、市域和县域相互关联的城镇地域结构一体化网状体系,赋予每个城镇新的生命和价值。

城镇协作规划与社区文化规划的"双规合一",通过主动寻求一种创造性文化增生的范式实现了文化的包容性发展,以较强的规训弹性,实现了沟通协作下的多元治理,有助于改善社会管理模式。沟通协作式规划是不同于传统规划手法的新路径,它是一个有广泛相关利益群体参与规划程序,共同体验、学习和建立共识的过程,可以被看作城乡规划、公众参与的高级形式,其规划成果表现为沟通交流后建立在共同认可的理性基础上的协议和共识。社会公众权利意识的觉醒使得他们要求参与到规划工作的编制过程中去，政府需要获得公众认同来保证规划的实施，规划工作者需要掌握各方诉求来平衡利益关系，通过协作式规划，在政府、公众、规划工作者三方之间建立起协作机制，从而建立常态化、法制化的沟通协作规划机制，实现从单向度的规划立法到多向度的规划协商，保障并规范新的文化治理机制。

（三）社会治理现代化与文化治理多元化双管齐下

社会治理现代化，意味着冲破中国一直持续的以行政为主导的传统，引入多种力量参与社会运行。文化治理视角下城镇空间的优化，无疑需要在原有的国家立场基础上融入更多让市场机制和社会力量可以介入的空间。作为改变国家治理的需求表达方式与供给提供方式。文化治理正在形成一种新的治理场域和供求互动模式。作为一种"约束性的城镇化战略理念"，城镇治理现代化与文化治理多元化的双管齐下，要求城镇化发展战略和规划，除了传统的空间布局和公共服务配套等内容外，要形成完整的综合规划模本和范式，即必须具备合理的产业与就业系统规划、紧缩型土地优化利用系统规划、公共福祉和社会保障系统规划、历史记忆保护系统规划、生态循环发展系统规划和人的现代化行动纲领规划，由此构成中国特色的综合型城镇化规划。

城镇控制规划的主旨是实现城镇文化空间的综合协调，包括与经济、社会、生态和文化发展有关的城乡建设和基础设施建设的空间布局协调，以及国土资源开发利用和生态环境保护整治的协调，不同行政区域之间及区域内城镇之间和城乡之间的相互协调。只有通过区域内的人口、经济、文化、科技、环境及资源等系统及其内部各要素之间的相互协作、配合和促进，才能实现城镇良性循环和文化全面发展的目标。

多元文化治理的要义是激活城镇公民的自治能力和创新活力，即充分发挥文化在城镇治理中的功能，重视新型城镇化建设中文化综合实力的作用，让每个人都能参与到社区文化建设中，将"单向度"的治理变成"多元化"的参与，激活文化空间的内生动力；同时，当前城镇治理主体从传统"内部参与"的单一政府主体转换为"内外共同参与"的复合主体，通过机制创新和模式创新，使得这一治理结构能够有效运转，实现城镇化与文化发展时间与空间的效能耦合。

第四节 以供给侧改革优化文化空间的实践路径

一、打造文化产业中心区

（一）文化产业中心区的意义

文化产业中心区是区域文化产业空间布局的重点关注区，也是区域文化产业辐射力的圆心所在。对于成熟的城市或区域而言，文化产业中心区往往是区域经济或商业的中心区。从经济学理论角度，克里斯塔勒提出了城市规划布局的"中心地"理论。他认为，中心地的等级越高，其所提供的商品和服务的种类就越齐全，而低等级中心地仅限于供应居民日常生活所需的少数商品和服务。廖什运用抽象和演绎方法探讨了企业区位的决定因素，并提出"单一市场区以正六边形形状环绕每一生产中心或消费中心"这一观点。尽管"中心地"理论的提出具有一定的时代局限性，在当今城市体系和空间结构复杂性与交融性空间布局中，简单的"中心地"等级结构难以解释复杂的社会经济关系，但是"中心地理论却适用于研究城市体系、零售业、集市和以个人为对象的服务业"，这为文化产业集群在区域之间圈层分布的空间布局提供了一定的借鉴，基于社区的文化产业集群在整个产业圈层中扮演了"中心地"的角色。

克鲁格曼认为，规模经济和企业区位存在密切关系，规模经济存在的前提下，由于前向和后向联系，企业具有集聚的趋势，而且经济规模越大，集聚越明显；运输成本和产业集聚的区位存在密切关系，运输成本越低，制造业在经济中所占的份额越大，则厂商的规模经济就越明显，也就越有可能产生集聚现象；贸易成本越低，越有可能形成产业集聚，基于这个结果，克鲁格曼把最初的产业集聚归因于偶然的集聚及其后的"历史依赖性"，即一旦产业开始了集聚就会发生累积循环的现象。同样，中心地理论也是文化产业地理空间选取的基本依据和区域文化产业成长发育程度的重要决定因素之一。

（二）文化产业中心区的空间设计

文化产业中心区的空间设计，是一种结合城市中心区进行圈层扩散的布局模式。这一模式往往应用于一中心或多中心组团式分布的空间发展中。城市的经济文化或商业政治中心往往成为区域范畴内文化产业的集中分布区，它们因为良好的发展基础和强大的中心区辐射带动作用而具备发展成为文化产业增长极的潜力和优势。文化产业中心区的形成或规划构成，往往有两种主要方式：一种是以文化（文物）资源集中的区域作为集散中心，成为区域文化产业空间布局的圆心进行存量资源的盘活；另一种是以行政（商业）资源集中的区域为集散中心，成为区域文化产业空间布局的圆心进行增量文化资本的整合和吸纳。

文化产业中心区的设计，往往与城市规划中心相关。因此，恰当的文化产业发展场地选址和文化产业发展空间的留白，是文化产业空间规划的关键所在。而中心区往往是城市文化的门户所在，在空间开发时，必须规划主导，基础先行，整体推进，通过精心的设计和精确的布局，充分发挥文化产业在城市设计中的作用，在城市文脉传承、轴线营造、标志性建筑的设计和建设、文化产业主体空间的设计和产业空气的营造以及重要接洽和主要节点等方面，进行科学、前瞻的规划设计。

二、形成文化产业集聚区

（一）文化产业聚集区的定义

对文化产业集聚区的定义建立在对产业集聚区和文化产业概念及理论的理解与分析基础之上，即，借鉴产业集聚区的一般性规律和特点，结合文化产业的定义、特征以及发展的特殊规律和与知识价值的紧密关联。产业集群的理论最早由迈克·E.波特于1990年在《国家竞争优势》一书中正式提出。在该书中，波特从产业和国家竞争优势的角度对产业集聚区现象进行了理论分析，并由此提出了国家竞争优势的"钻石模型"。波特认为，产业集群或簇群是一种相关的产业活动在地理上或特定地点的集中现象，产业集聚区包括一批对竞争起重要作用的、相互联系的产业和其他实体，经常向下延伸至销售渠道和客户，并侧面扩展到辅助性产品的制造商以及与技能技术或投入产业相关的公司，还包括提供专业化培训、教育、信息研究和技术支持的政府部门和其他机构。根据波特对产业集群的定义，可以认为，产业集聚区是一个类似于生物有机体的产业群落，它是企业及其相关机构有组织的综合体，它强调了相关产业中相互依赖、相互合作、相互竞争的企业在地理上的集中，这种集中是在竞争环境中产生和形成的，它不仅仅是一种生产组织形式，更是一种经营组织形式。文化产业指文化可发挥显著作用的活动或产业。本书对文化产业的界定采用 WIPO 的相关定义和分类。因此，对于文化产业集聚区而言，一方面，它是文化产业和产业集聚区的集合体，是关注文化产业形态的产业组织形式；另一方面，它与其他行业性产业集聚区相比，作为一个复杂适应性系统，文化产业集聚区具有鲜明的特点。

因此，文化产业集聚区可以定义为：以文化及相关产业为主营产业的企业，按照一定关联性集中在特定空间范围内，形成的基于分工与合作的有机产业群落。具体而言，文化产业集聚区在形式上、组织方式上和系统结构上呈现出三个突出特点：在形式上，文化产业集聚区是与文化相关产业的企业以及该产业的相关企业在地理位置上的集中，是文化相关产业高度集中于某个特定地区的一种产业成长现象；从组织结构上看，文化产业集聚区作为一种中间性体制组织，具有企业网络的性质，但由于文化产业本身涵盖的行业门类众多，各行业之间的特点和运行规律差别较大，因而文化产业集聚区不是一般的企业网络，而是具有互补性、共享性和排他性的密集型创新网络；从系统结构上看，文化产业集聚区是一个文化相关产业的"种群生态系统"，是在一定区域内的各种"生物群"有规律地结合在一起的结构单元。由于其行业的丰富性，文化产业的生态系统中常常会诞生主导产业和与之相配套的关联性产业，与其他产业集聚区不同的是，文化产业集聚区内的主导产业和配套产业大多数来自其自身分类中的不同层次，这些产业在特定区域范围内相互依存、竞合，并形成一个动态变化的有机整体。

作为产业经济的一种重要组织方式，集聚区的发展必须与区域发展紧密结合起来，把产业的发展区域具体化，并将产业经济发展的一般规律与文化产业发展的特性贯穿在规划的全过程中。区域规划是落实集聚区规划的重要工具和手段，它与产业规划相结合，从产业门类的视角，解释了区域选择的产业门类及推动产业发展的对策，又从区域空间的视角，诠释了区域产业布局以及区域空间组团的形成策略。集聚区可持续发展的空间设计和产业规划是集聚区成长的前提。"从全球范围来看，各国（或地区）的产业集聚区不可避免地有重叠和相同的成分，由于规划科学和政策的有力支持，各国着重扶持的产业集聚区对提升地区经济乃至促进国家的经济增长以及创造就业机会方面起到了令世人瞩目的作用。"近十几年来，无论在发达国家还是在发展中国家，集聚区作为一个地方化和区域化的经济发展概念，日益受到重视，因为集聚区能激发更高的竞争优势潜能。

（二）文化聚集区的机理和演进路程

集聚区产生的机理和演进的路径的前提是区域经济的协调发展及集聚区蜂聚产生的区域增长极。以产业集聚区的方式发展文化产业，有利于节约成本、提高效率、推进文化产业集成创新能力，但不容回避的是，当前文化产业集聚区发展中存在许多问题，诸如文化产业集聚区空间的集聚黏度不强，集聚区创新性与互动性不强，集聚区价值链层级不高和集聚区竞争力释放不足等。这些问题很大程度上源自集聚区制度及政策的针对性与执行力不强，前者造成集聚区内的企业主体缺少协同创新的积极性，难以激发文化创新的动力，后者造成集聚区企业之间因缺少产业关联度而比较松散。同时，由于政策限制，集聚区往往在一定范围内单兵作战，成为封闭的容器，本地网络的僵化及地方保护主义等弊病，使集聚区失去了逐鹿全球的市场竞争力。因此，研究、制定针对文化产业集聚区发展特征，适合文化产业集聚区驱动特征和空间特征的集聚区政策，研究、制定与区域经济社会发展契合度高，充分利用和发掘文化资源及区域禀赋并以此为基准设计空间布局和产业布局的集聚区详细规划，成为当前文化产业集聚区发展中亟须解决的问题。

当然，文化产业并非必须以地理集中作为唯一的空间组织方式，随着文化产业集聚区发展步入深水区，集聚区的内企业不可避免地因为集聚区存在"路径依赖"和"路径锁定"等一成不变的合作模式而导致弊病丛生，制约产业发展，集聚区的万能模式再一次受到挑战。从中我们不难看出，集聚区发展模式的成功与否是基于创新的引发或变革、知识的积聚和基于竞争的淘汰机制，仅仅靠企业之间的地理集中只能形成松散的空间布局，地理集聚固然降低了交通运输和能源成本，获得了文化产业集聚区发展的外部经济，但依靠压低成本的竞争模式不是长久之计，其终将是一条面临淘汰的低端道路。而随着文化与科技融合的推进，以核心文化为价值凝聚的虚拟协作网络将成为新的产业集成模式。

三、开拓文化产业新城区

新城作为一种现代区域经济发展模式，逐渐占据了经济发展的主导地位。发达国家的历史经验表明，一个国家走向现代化的标志之一，就是以科学技术为主体的工业化和为之服务的高度城市化。而城市新区正是工业化和城市化的有机结合，其不仅表现为单个城市资源的空间优化配置和产业化促进经济的高效率增长，而且还表现为多个城市新区资源的空间优化配置和经济协调发展，从而推进一国经济乃至世界经济的高速发展。区域空间结构随产业结构高度化变动而变动，在产业发展的不同阶段，城市形态发展也具有一定的规律性。

（一）优化空间结构

区域产业结构高度化演进，需要空间结构不断优化。新城是科技进步的结果，也是规模经济效益促使产业与人口在空间上集聚和扩散的结果，交通运输和信息产业高度发达是城市新区发展的主要驱动力。通过不断提高空间结构的有机关联度，从而创造有利于产业更新的良好区位条件、空间关系和环境质量，以顺应产业结构高度化的要求。空间结构的成长过程按阶段逐步展开，代表了区域空间结构高度化的演进过程，对应城市化发展的几个阶段(小城镇——城市——大城市城市新区——城市区域一体化)，从而逐步提高城市化、集约化水平。

（二）"产城融合"的城市发展理念

规划以文化产业为主体的新城市功能区，设计"产城融合"的区域发展模式，已经成为世界文化产业集群发展的共识。例如，日本筑波科学城以筑波大学为中心，加强科学园内各研究机构的相互合作和有机联系，从而使筑波地区成为一个综合的研究都市。其发展理念充分体现了"产城融合"的城市发展观念。而法国马恩拉瓦莱新城位于巴黎北部城市发展轴线的东端，其形成于大巴黎地区城市化加速发展的进程中，是在短期内迅速建设而成的，因此马恩拉瓦莱新城围绕城市文脉，以城市优先发展轴、葡萄串状不连续建成空间、等级化交通体系和具有凝聚力的城市组团为特征形成特殊的空间布局，这种布局模式也被认为是城市规划设计领域的一次大胆尝试，新城在短短 30 年里的快速健康发展充分证明了这种布局模式的合理性。此外，美国哥伦比亚新城则以"创建一个良好的社区环境"为目标，以"以人为本，关注人们的生活"为理念，注重保护土地并提高土地的质量，延续地区历史，强调公共空间的开发，提倡环境为社区共享，构筑清晰的"新城——小区——组团"三级结构体系，实现社区人口构成的多样化，增强居民的社区感，充分协调了不同种族、不同收入者的关系，创造了令人愉快的生活氛围。

（三）文化产业新城区与城市开发建设的战略有机统一

文化产业新城区开发的模式与城市开发建设的整体战略保持有机统一。文化产业新城区的规划设计与城市发展战略和主体功能区的产业定位及空间定位相吻合。城市无一例外是一定区域范围内的中心，多表现为政治、经济、文化、交通、信息等领域的中心，通常为负荷中心，有时或有侧重。以产业为核心的城市经济活动是大多数城市赖以存在的基础。因此，确定城市性质时，专家常常花费较大精力来论证城市未来产业结构的发展趋势，大致确定城市主导产业的范围。文化产业新城区的开发建设，要符合城市在国民经济中的职能和分工，找准城市在区域中的地位和作用。

四、建设文化驱动型特色小镇

（一）特色小镇的定义

特色小镇是指按照创新、协调、绿色、开放、共享的发展理念，结合自身特质，找准产业定位，形成"产、城、人、文"四位一体有机结合的重要功能平台。在经济发展新常态下，特色小镇建设对于促进经济转型升级、推动新型城镇化建设、彰显特色传统文化，都具有重要的意义。加快推进特色小镇建设，既是进一步促进城乡协调发展的有效途径，又是积极推动供给侧结构性改革，以文化促进发展，全面建成小康社会的重要内容。

（二）发展特色小镇的意义

发展特色小镇对优化文化空间，实现文化扶贫作用重大。文化扶贫是打赢脱贫攻坚战的"重器"。文化扶贫不但要给民族地区、贫困地区"输血"，更要培养其"造血"功能。贫困地区往往有丰富的民族文化资源和特色文化禀赋，要找出民族地区、贫困地区的文化特点。并与社会主义核心价值观相结合，打造出拥有民族、地区特色的文化，不仅给这些地区的群众注入新鲜"血液"，解放他们的思想，开阔他们的眼界，还要培养这些地区的"造血"功能。可以说，发展特色小镇，打造以特色产业为依托的区域空间，依靠"文化创收"，是实现物质文明和精神文明双丰收的重要路径，更是实现文化扶贫的不竭动力。

发展特色小镇为城乡一体化提供了有效连接点。经过改革开放30多年的发展，我国城镇化进程明显加快，但也显现出城镇化发展质量不高的问题，特色小镇是推进新型城市化、加快城乡一体化的新平台。特色小镇一般位于城乡接壤处，是连接城、镇、乡村的重要节点，其不仅能拓展新空间、集聚新人才、形成新产业，还可以建设绿色生产、绿色生活、绿色生态、绿色能源等融合发展的美丽新空间，更能打造一批独具文化魅力、人与自然和谐相处的统筹城乡发展区，使城乡二元结构带来的诸多问题得以破解。

此外，特色小镇的建设能起到改善居住环境，提高生活品质，提升地方经济实力，丰富经济发展内涵的作用，是城镇居民实现小康社会的完美平台。纵观成功的特色小镇，虽面积有大有小，但无论空间大小，都承载着协调发展的大战略。通过特色小镇实现协调发展，形成平衡发展框架，进而增强了城乡发展的整体性。大力发展特色小镇还有效加快了农村土地向规模经营集中、农业人口向镇街驻地集中。扩大农村人口就业，提高农村人口收入，是带动农民群众脱贫致富奔小康的重要路径。

（三）特色小镇的核心定位

特色小镇的核心定位是特色，是拥有特色鲜明的产业形态、和谐宜居的美丽环境、彰显特色的传统文化、便捷完善的设施服务、充满活力的体制机制，就是说，既要"宜业""宜居"还要"宜游"。例如，文化小镇就一定要凸显文化特色，科技小镇、艺术小镇等也要展现出其主打产业的特色。

特色小镇的运作关键是创新。特色小镇的成败不在于政府是否给政策，关键在于企业是否有动力，市场是否有热情。因而，特色小镇不能由政府大包大揽，而是必须坚持以企业为主体和市场化运作，由建设小城镇转向经营小城镇。以企业为主体，建立健全的鼓励企业拓宽投资领域、扩大有效投资的体制机制，辅之以配套的产业基金或融资平台。

（四）特色小镇的政策重点

特色小镇的政策重点是靶向支持。特色小镇发展的基础是市场力量，构建有利于特色小镇的产业引入机制与市场环境，是各级政府的直接责任。例如，政府鼓励和支持央企到城镇发展，允许上市民企以自有资金为主自行建设现代科技研发产业小镇，将对小城镇发展的具体项目资金支持转变为重点发展领域的资金引导。

（五）国外的特色小镇

世界上有许多著名的特色小镇或以人文景观引人注目，或以环境宜人让人驻足。例如德国赫尔佐根赫若拉赫小镇着重打造全球体育用品公司总部来发展产城融合型小镇，其中心历史城区、手工业发展传统以及就业市场的吸引力，让这座小镇有着高品质的生活，也是三家全球企业——阿迪达斯、彪马、舍弗勒的总部，为当地带来了 16 700 个就业岗位。作为全球体育用品商的阿迪达斯是城市区域里最大的公司，每年营业额为 145 亿欧元，在全球共拥有 4.7 万名雇员。法国城市维特雷则是内陆型工业城镇成功转型的典型。瑞士的达沃斯小镇通过策划城市事件，实现了文化旅游和会议经济驱动型城镇的发展。归结起来，国外特色小镇的成功经验主要有以下几个方面。

1. 加强文化自治，加大文化投入

国外许多成功的特色小镇往往拥有强大的地方自治权，例如拥有独立的财政权力。瑞士中小城镇的大部分收入来自居民和企业的税收，每个城镇可以设定各自的税率，以此吸引更多的居民和企业进驻；此外，它们还重视对公共服务领域的投资。如德国设立了公共设施的等级配给制度，完善各级相应的属性，成为地方公共管理机构职责的重要组成部分，保证了地方政府在发展和运营公共服务中能够得到相应的支持。

2. 重视文化规划，引导专业集聚

国外许多成功的特色小镇往往实行严格的总规划师制度。如德国所有中小城镇的地方政府管理机构都雇有专业的城市设计师，负责指导当地的土地发展，颁发建筑许可，调解相关的法律纠纷，为当地发展寻求公众支持，并参与区域规划战略，与市民沟通并了解其需要。此外，许多特色小镇往往具有悠久的手工艺传统，小镇治理主体对私营企业和个体经营的重视和支持，使这些企业各自活跃于地方、区域或全球市场，由中小企业形成的互补、灵活、创新能力强的工业肌理以及体制的互动和良好的政治环境，使企业在全球化市场中凭借城市网络的聚集效应增强了自身竞争力。

3. 加强人才培养，注重合作

国外许多成功的特色小镇往往拥有合格的人才，并十分注重对年轻技术人才的培养和素质的提升，使雇员具有可靠、勤奋、受教育程度高等优秀品质。在"大都市化"历史背景下，众多小城镇成为大都市区域和地方空间的交界点，扮演着"枢纽角色"。特色小镇起到了"衔接功能"，让所有的区域都能和那些大都市相联系，故而国家的医疗政策、高等教育政策和交通政策都给予这些"中介城市"极大关注。国家通过"城市契约"推动地方性项目的进程，并促进了中小型城市的基础设施发展。

第六章

供给侧改革视角下的文化集群创新

第六章　供给侧改革视角下的文化集群创新

当前，全球的现代化、信息化、城镇化、市场化与分权化正在加速，中国的城市群蓬勃发展，产业集群在新经济地理空间上不断形成新的城市集群，为集群研究提供了更为广阔的空间，也为文化产业发展提供了新的栖居地。文化产业在世界发达国家的经济构成中贡献突出，它们往往以高度的集聚性，实现集约化、专业化和规模化的发展。发达的产业体系和成熟的市场体系，构成了世界经济版图上色彩斑斓、块状明显的"经济马赛克"。全世界财富的大多数都是在"经济马赛克"区域创造的，这一区域是全球创新活力最强劲的地区，也是资本、技术和人才等要素流通最迅速的地区。集群代表着介于市场和等级制之间的一种新的空间经济组织形式。从产业结构和产品结构的角度看，产业集群实际上是某种产品的加工深度和产业链的延伸，从一定意义上讲，集群是产业结构的调整和优化升级，但文化产业并非必须以集群形态发展才能提高产业效能。"产业集群热"现象的升温让稀缺土地资源的区域缺少有效、可持续的发展模式，在区域发展中，名义上集聚、实则分散的现象普遍，集群规模化扩张进程中，缺少真正有利于版权产业成长的商业模式和市场路径。

第一节　供给侧改革视角下文化产业集群类型的创新特征

一、文化产业集群的类型特征

文化产业集群是全球资本、技术和人才等要素流通最快、对创新和创造成果应用最迅速的地区，它们通过经济文化发展轴线相互串联，构成了全球文化经济的空间网络。文化产业集群最突出的特点是以智力成果和知识资源为凝聚核心，以创新为动力，建立在创作、生产、传播、使用和消费基础之上的产业组织形态。由于文化产业集群的主体是企业，依照企业管理中的知识理论，可以将文化产业集群的类型划分为知识宽度型、知识深度型和知识强度型三种。

（一）知识宽度型

知识宽度型在文化产业集群发展中的核心在于把知识的获取、共享、创新和应用建立在开放的平台上。以突破区域经济发展瓶颈并高度匹配区域行业特征为目标，知识宽度型集群还着重打破区域行政壁垒。以文化创意资源的开发整理与重塑为主体，以文化创意和技术创新为驱动要素，知识宽度型文化产业集群能够有效实现资源的整合与市场配置，往往成为政府经济调控的战略重点。

（二）知识强度型

知识强度型文化产业集群发展的核心在于推动消费升级。其主要通过对要素结构、需求结构和产业结构的综合优化与配置，在产业本身知识价值链的基础上展开工作与合作，在表现形式和发展趋向上倾向于以"产城融合"模式发展文化产业集群，实现资源共享，有效节约了文化产业的运行成本，提高了文化产业发展的效率，推进了文化产业的集成创新能力和再创新能力，有助于文化功能的发挥。

（三）知识深度型

知识深度型文化产业集群的核心在于推进隐性知识创新及隐性知识显性化所创造的产业附加值。隐性知识创新是文化产业集群核心竞争力的基本构成，是形成知识深度型文化产业集群的重要路径。它是高度背景化和个性化的知识信息，集群中的隐性信息实现了具有不同创造能力和技术水平的创意企业的界面规则或关系契约，并在创意设计、生产、流通等各个环节实现灵活的专业化分工和松散的耦合，形成了非线性、多层次、多功能的网络合作关系，这种多层次的、灵活的网络关系既发挥了集群中创意要素协同创新的作用，又实现了企业间知识的传播、共享、吸收和整合。

在全球分工中的治理者或跨国企业形成的集群网络中，发达国家以知识为核心，通过外包文化产业的非核心环节，利用发展中国家产业集群成本较低的优势，增强了自身核心竞争力，构筑了高端环节的门槛，控制了文化产品的利益格局和价值链分配，使我国文化产业集群在全球价值链分工中十分被动,导致这种局面的核心原因正是我国缺少创造核心知识产权和创新隐性知识方面的竞争力,即基于知识深度和强度的文化产品开发不足。

二、文化产业集群的驱动特征

文化产业集群的形成受经济、文化、政治等多重因素的驱动和影响,既具有一般产业集群形成的基本驱动因素,又具有因版权对文化原创力。尤其是排他性资源的挖掘与创造能力的更高要求而表现出的独特驱动因素。从总体上看,地缘驱动、资源驱动和成本驱动是文化产业集群成长的核心要素,它们主导着集群的区位选择、业态选择和商业模式选择。

(一)文化产业集群的地缘驱动

以地缘驱动为主要模式的文化产业集群,核心是通过资源配置实现产业集约化发展。文化产业集群在地理空间上的形成,来自历史偶然性与循环积累的双核驱动。把空间经济思想引入经济分析的克鲁格曼将最初的集群形成归于历史偶然性和循环积累的双重作用,即集群的产生首先是基于某一地区历史发展中的偶然因素并开始萌芽,而后经历了"路径依赖"阶段以发展壮大,最终经过长时间的"积累过程"形成成熟的集群。

(二)文化产业集群的资源驱动

资源驱动因素下形成的产业集群主要以盘活文化资源的方式实现产业的专业化发展。从传统文化中寻求载体,是文化产业创新的重要路径。例如在厄瓜多尔的西格乔斯,许多手工艺人生产陶瓷、编织品，并重新按照老的样式、设计和制作传统服饰。在叙利亚的阿勒颇，微型及小型企业在小城镇地区聚集，用有着三千年传统的古老方法生产绿橄榄肥皂。这些传统文化色彩浓厚、工艺特色鲜明的地区能够在其特殊产品的独特品质上创建集体知识产权，并在对传统产业的有效改造的同时，创造具有核心竞争力的特色集群。在我国，许多传统文化色彩浓厚、民族文化多元的地区，以传统文化优势结合自然资源优势，使传统形式的生产活动在市场化的环境下生产出文化商品，集中生产与消费的自发聚集，逐渐形成了特色集群的发展雏形。

（三）文化产业集群的成本驱动

以成本驱动为主要演进模式的文化产业集群，是降低成本、实现规模化发展的基本出发点，也是所有集群发展必须面临的共同问题。正是因为经济活动主体的合作往往能够在社会文化背景和价值观念上达成共识，这种基于社会网络信任的合作分工，既维持了集群稳定，又通过降低成本提高了集群的生产效率。降低成本不仅可以度过集群成长初期的困境，缓解在集群遭遇金融危机等外部环境压力时的被动局面，也是大多数文化产业集群增加市场收益的主要方式。

但应当明确的是，在文化产业集群的驱动要素中，地缘、资源和成本尽管是集群形成的主要因素，但单一因素无法主导文化产业的核心竞争力，以国民经济和社会发展规划、土地利用总体规划和城乡总体规划"三规融合"为导向的集群设计，是集群升级的制度原点。然而在现实发展中，因为土地资源稀缺的区域的发展模式缺少有效调控手段，名义集聚、实则分散的现象普遍，在现实中符合标准的产业集群集中度低、特征不明显，因此需要寻找符合知识经济时代文化产业集群特征的新成长动力。

三、文化产业集群的空间特征

文化产业集群是文化产业的一种空间经济形态，集群的分布规律既符合文化产业要素集聚和流动的一般规律，又与区域发展，尤其是区域创新系统的形成和分布紧密关联。集群空间由地理空间、经济空间和社会空间共同构成。其中地理空间是基础，为产业集聚提供了物理空间，而社会空间所产生的是动态的学习和创新活动、报酬递增效应和极化效应，经济空间所产生的产业链和价值链分工及共享使得交易成本大幅度下降；这些共同决定了集群的生命周期。

文化产业集群形成的紧密型关联体和松散型关联体构成了基于知识的社会经济系统。根据文化产业集群在空间分布上的不同层次，可以将其归纳为城市群的点网结构、区域内的圈层结构和集群内的线性结构三种形态。

（一）城市群的点网结构

点网结构是基于增长极理论的空间分布结构。通过文化产业集群形成的集聚效应带来的要素高度集中、经济快速发展和文化消费活跃等，构成了区域增长极。增长极成为城市群中重要的创新节点，它们就如同"经济马赛克"一般，呈现出星罗棋布的分布格局。串联这些创新节点，便构成了以区域为单位的创新网络。文化产业集群的点网结构往往以集群形成区域的增长极为节点，通过跨区域资源配置和流通的区间布局为市场半径，以整个城市群或城市圈为空间形成产业网络。

（二）区域内的圈层结构

圈层结构是基于中心地理论和产业空气理论，在区位比较优势的作用下形成的以文化产业集群为圆心的区域中心地。文化产业主导企业的活跃，不断吸引着相近或相似产业（企业）的集聚，企业在分工与合作的市场机制中，形成了适合产业创新和集体学习的产业空气。由此，区域内逐渐形成了以文化产业集群为核心的圈层结构。在圈层结构中，集群往往在"向心力"形成生产集中和居住集中后，达到一定的区域要素承载的饱和状态，从而再进行基于"离心力"的分散，最终在区域内形成相对稳定合理的文化产业集群布局。从群居到群聚，从居住性集群到生产型集群的转变，使文化产业集群实现了集群单一围绕中心城市或中心区域集聚的转变，即通过"向心力—离心力"的均衡式空间分布方式，实现了城市功能的组团拓展，缓解了中心城区或城市核心区域用地紧张、资源稀缺、成本高昂等现实问题。

（三）集群内的线性结构

线性结构是基于产业价值链理论，以文化产业主导企业为核心形成的产业导入形态。文化产业是以"智力成果权"为资源，以知识创新为动力的产业形态，其产业链的结构也依托产业特性，以文化形象原创为起点，构建了"创作——生产——传播——使用——消费"的线性产业模式。因此，集群内部的文化企业之间分工与合作的出发点是线性链条上的某一环节或某几个环节之间的知识共享。这种共享又可以分为串联和并联两种形式。前者是集群内企业基于产业上下游分工与合作形成资源互补性合作的产业组织方式的过程，后者则是随着社会分工与集群和产业链之间互动性的加深，集群的分布规律从单一的、静态的串联式产业链合作逐步演化为复合的、动态的并联式协作的过程。

从文化产业集群的空间特征看，城市群中跨区域的文化产业集群围绕中心城市和区域经济中心形成点网结构，构成文化要素的协同创新和文化资源的统一配置，提高了文化产业效率；区域内的文化产业集群围绕主导企业形成圈层分布的空间格局，而主导企业以较高的文化因子和关联企业之间形成有序的线性分工与合作。正是由于点网结构、圈层结构和线性结构在文化产业发展中的有机互动，使文化产业的资源配置和要素流动打破了二元经济地理结构，在区域空间上产生了新的格局，从而优化了文化产业的组织形态。随着当前中国区域经济发展进入城市群时代，跳出行政属地，以全球市场为资源配置和要素流通的半径，建立基于文化合作的城市群合作组织与相关制度安排，是构建文化产业集群新空间秩序的基本原则。

第二节 文化产业集群的发展困境

一、区域空间和地理制约明显

（一）区域条块分割现象明显

集群空间由地理空间、经济空间和社会空间共同构成，其中地理空间是基础，为产业集聚提供了物理空间，而社会空间所产生的是动态的学习和创新活动、报酬递增效应和极化效应，经济空间所产生的产业链和价值链分工及其共享使得交易成本大幅度下降；这些共同决定了集群的生命周期。在现实发展中，文化产业集群的形成和发展与区域经济的发展基础、市场发育程度密切相关，但文化产业集群布局往往违背了区域空间分布和产业分布规律。在行政主导下的文化产业集群，往往存在产业集中度低、特征不明显等问题。"泛地理集中"的概念往往取代"地理集中"的概念，从而出现"统计出的集群"现象，偏离了构建产业集群的初衷。集群的组织形态和集聚空间不再以产业竞争为凝聚力，不再以产业发展和演变的历史积淀为组合方式，而是以政府主导的方式进行企业集中，集群内基于产业链或价值链的合作不明显，条块分割的独居现象较为普遍，不但缺少根植性，而且可能出现"集聚不经济"的发展状况。地方政府或行业主管行政部门对产业集群的集约化存在认识误区,常常将集群载体建设看作是产业集聚的核心。

(二)地理区位制约文化功能发挥

按照地理填充法则,城市作为一种复杂的地理事物,填充了某一特定的空间,城市即可界定为是多种经济活动空间集聚形成的地理实体。同时,构成城市的地理要素与固有的空间要素相互作用,从而改变了原有空间的本底,并形成特定的城市空间结构,而中心城市或区域中心内部的经济与产业分布较为紧凑,表现了强大的吸引力、辐射力和综合服务力。中心城市或区域中心具有"经济集中度高、社会分工发达、智力密集、技术创新与扩散的中心、区域经济的控制和决策中心以及第三产业比重大"等六个方面的特征,这是文化产业竞争力的重要决定性或配套要素。但从当前中国文化产业集群的地理空间看,集群选址往往处于非城市中心区域,这在相互依存的文化产业集群和部分文化产业集群中体现得更为明显。文化产业集群的地理位置往往距离中心城区或者城市的商务中心区较远,这也使得文化产业集群除了文化产品生产之外的其他功能难以发挥。而在理论上,文化产业集群应当具备较强的文化观光、休闲旅游、体验娱乐等特质,不仅成为城市文化的地标,而且成为重要的文化名片和旅游目的地。此外,非核心文化产业集群的生产环境制约文化效能的实现。相互依存的文化产业集群和部分文化产业集群的文化功能与生产功能是混合型的,而作为制造业的生产、制作和交易基地而言,其多数处于不规范或者非规模化、集约化和高端化状态,集群的竞争力提升空间受到一定制约。总体上而言，集群竞争力的发挥，不仅与一国的产业结构政策相关，也与一国在全球产业分工体系中的地位与变动方向有着密切的联系。

二、集群市场失灵与政府失灵并存

（一）市场失灵：集群难以提高发展效能

"市场失灵"是政府干预的基本依据。集群的市场失灵问题具体表现为：集群内部出现市场垄断；存在大量的信息不对称和外部性，使企业之间互相恶性竞争，集群资源配置效率低下，资源基础薄弱；企业在相对封闭的环境下运作，不能使用战略性知识；企业在自利行为驱动下存在搭便车行为和"非合作博弈"，引起价格机制失灵，并使集群内知识共享和溢出功能失效；集群及企业缺乏发展的共同使命感和一致性目标；集群缺乏能够增加协同作用的关键性要素。集群作为一个组织系统，同样存在"系统失灵"的问题。系统失灵在相互关联的机构、组织或交易规则之间出现不协调或不一致时才会发生，它是指在组织制度设计上的缺陷不能为技术创新提供有效的激励，或者系统的技术能力与需求不匹配，从而限制了创新潜力的发挥。而且，集群的发展由于遵循新制度经济学中的路径锁定效应，集群内企业的创新性随着时间开始收敛（如通过模仿、合作、标准化的相似性等途径），产生了竞争的"盲点"，由此限制了集群企业的创新潜力。市场失灵和系统失灵问题所造成的致命创伤可能包括集群的脆弱性、锁定、僵化、竞争压力减弱、自满综合征和内在衰退等一系列陷阱和风险，构建一种适合集群持续创新的制度显得尤为必要。

（二）政府失灵：集群难以参与全球化分工合作

从我国经济社会发展的宏观改革进程来看，以文化核心技术为引领，以文化产品和服务的自主品牌建设为重点的文化产业集群，是参与国际产业分工、转移和合作的重要载体。这一基本发展思路要求文化产业集群必须跳出单一属地管理的刻板模式，站在全球城市群角度进行管理创新和技术升级。当前制约文化产业集群发展的重要障碍是以权利意识为导向的集群管理制度。这一具有中国特色的制度性障碍的本质是宏观文化管理体制的制度缺陷。我国原有的文化宏观管理体制习惯于用计划经济的手段管文化、办文化，政企不分、政事不分、管办不分，把经营性文化产业混同于公益性文化事业，由政府统包统揽。在这种管理体制下，集群内企业的自觉性和自主性难以调动，文化产品的创造和生产缺乏活力，缺乏市场适应能力和竞争力。随着文化产业渐渐成为国民经济的支柱产业，以文化产业集群为代表的文化产业聚落，开始成为区域发展的重要载体，以政府主导为背景的集群，成为迅速成长的主力军，国有资产背景的文化产业集群，成为政府主导下价值选择和权利意识导向的工具。从我国文化产业集群的类型特征看，在集群成立之初或初具规模之前，许多集群都是市场主导的企业自发集聚而成，当集群成长具备雏形或产生一定行业影响力后，地方政府开始"积极热情"地参与集群管理。但对于面向全产业链、与国民经济和社会多元行业相融合的文化产业集群而言，往往需要跨区域、跨行业、跨所有制进行资源整合和战略扩张，政府主导下的区域属地管理使集群发展遇到了行政分割、各自为政、重复建设等具有中国特色的制度障碍，制约了集群成长。集群的属地管理制度和政府的包揽式管理制度，使文化产业集群在面对多种所有制共同发展、国外文化不断涌入、文化市场空前繁荣的新形势时，难以应对市场，生产力与生产规模无从拓展。

三、集群政策针对性和执行力不强

（一）进入集群的标准不统一导致集群地理"扎堆"现象普遍

产业集群形成的自然地理条件主要是基于生产成本和物流成本的核算，而集群形成的必要性是其可以有效控制成本，实现生产资源从要素回报率低的地区流向要素回报率高的地区，以便适应激烈的市场竞争。而就当前文化产业集群的形成与演进而言，由于大多数处于发展周期的初级成长阶段，因此，空间载体大于内容载体、存在形式大于存在意义的现象仍然比较普遍，许多文化产业集群并没有因为集约的物理空间而在资源和平台共享方面拥有更多的便利，而是利用当前文化产业或文化产业发展中用地价格较低，税收优惠政策尚存以及政府的其他各种政策优惠条件等，使产业集群之间将竞争的重点放在低价格要素成本的竞争以及对企业入驻辖区的竞争上。而随着文化产业发展趋于成熟、大规模产业集聚造成要素成本的提高、各种优惠政策期限的截止以及文化产业发展由政府主导走向政府调控与市场自发调节的阶段，集群的综合优势将不复存在，集群内的企业也将外迁或流失，从而对集群自身的生存构成挑战。

（二）文化保护政策执行力度低导致集群无法发挥资源特色和优势

改革开放以来，我国以著作权法为核心，以相关法规和国际公约为补充，建立起一套符合中国国情和国际规则的现代版权法制度，有效保护了文化产业的原创价值。同时，中国著作权的相关执法机制、服务体系日益健全，全社会的著作权意识逐渐提高，但是相对于以自主创新为命脉的文化产业集群发展而言，文化制度的应用和文化保护所体现的经济价值依然不尽完善。由于我国文化产业发展中存在"相关法律法规不完善、信用制度尚不健全、市场营销能力较差、代理机构不发达"等问题，文化产业集群的发展同样因为产业本身制度建设和市场发育的问题难以在自主创新和文化保护之间获得平衡，从而走向依靠文化提升经济效益的规范式生产，这一问题也将对集群的可持续发展构成严峻挑战。

（三）区域统计和评价机制不完善影响文化产业集群的发展速度和质量

当前的文化产业集群，产业增加值以及增加值占GDP的比重成为衡量文化产业集群发展效果的重点指标。诚然，这一指标体系反映了产业存量空间和增量空间的释放速度，反映了文化经济增长的水平和速度。但是GDP"虽然能够有效地反映一个国家或地区一定时期内的生产总量，便于人们监测和比较各国的经济发展状况，然而这一指标也存在着若干缺陷。例如GDP忽略了一国在生产活动中对自然资源和环境的损耗,并不能真实地反映一国的财富增加和人民生活水平的提高。各级地方政府在追求 GDP 增长的驱动下可能出现大量的无效投资和投资浪费,并且人为地加快了固定资产的损耗速度。虽然在统计上促进了 GDP 增长率的提高,但由于大量投资项目的失败和低效,生产能力未能相应提高,使得中国的投入产出比不断降低"。我国文化产业所处的发展阶段是产业集群生命周期的起步加速期,文化资源的规模化和集约化还需要进一步培植,但在发展过程中,仍存在文化产业集群过分追求经济增速而导致盲目竞争、无序发展的问题,这些问题是集群发展所处阶段不可回避的难题,也必须用发展的思路予以解决。

第三节　文化产业集群的发展路径

一、解除集群治理障碍

（一）"有形之手"与"无形之手"结合

改革开放以来，我国加速推进城市化和工业化，在大规模兴建产业园区的过程中，产业和城市脱节的现象比较普遍，产业园区与新城空间在功能上形成"两张皮"，制约了城市的整体发展和城镇化的优化选择。在文化产业集群的发展进程中，也存在同样的问题。政府主导或引导的文化产业集群，往往处于城市边缘区或城市群连接带，集群与社区缺少连接性，集群往往成为地方政府盲目追求GDP的城市建设载体，在一定程度上成为衡量产业效能、测度税收贡献的"生产机器"，产业集群变成了缺少人文生态的"区域孤岛"。在这一境况下的产业集群，改变"交界地带"的"真空作用"是第一要义，从集群治理的角度看，要以政府、企业、居民三类行为主体为核心，实施差异化的集群战略和发展策略，以"有形之手"破除"市场失灵"，以"无形之手"解决"政府失灵"。从政府层面上看，产业集群与政府制度供给密切相关，政府往往通过强制性制度创新和诱致性制度创新促进产业集群的形成和发展，但政府为集群提供制度供给并非是万能的,以"服务型政府"的方式提供制度供给,通过产业集群的公共文化基础设施建设和配套服务的完善,通过以人为本的制度创新,可以避免因扭曲性的经济政策环境而出现"政府失灵"。从企业角度看,企业是集群的细胞,也是全球化产业分工中重要的节点。企业因为产业价值链整合而实现了地理层面的集聚,由此形成了全球范围内具有竞争力和辐射力的"经济马赛克"。在居民层面上看,创新可以源自集群中专业化的生产,但更源自居民个体的文化自觉与创新意识的积累与循环。因此,以社区为单元的集群,开始实现生产与居住功能的整合,一方面,依托社区文化网络本身的根植性,使集群发挥雄厚的社会资本优势,另一方面,依托集群的经济外部性,广泛获取来自全球的域外信息、知识交流和知识创新。

(二)"长期性"与"动态性"结合

在实践中,经济活动的空间集聚并非是个体企业和消费者的理性决策所产生的,也不是政府投资所能打造的,而是自然发展的地方化过程,是企业互动和知识积累的结果。产业集群的缘起因此带有很大的不确定性。在看似日趋一体化的全球经济体系之下,独特的地方因素在国家和区域经济社会发展中的作用不是减弱,而是增强了跨国资本和其他经济要素的加速流动,以及全球和地方经济管制环境的变化,使经济活动的区位变动频繁而复杂。扎根于地方经济社会文化的产业集群也成为所在区域连接全球经济体系的载体。通过市场、技术和人员流动等途径,将不可捉摸的全球化与实实在在的本地人的日常生活和工作联系在了一起。而这种开放的网络联系又加剧了地方产业集群的发展环境动荡，使集群的结构处于不断变动与重组之中。外部环境的不确定性和多变性使集群发展充满了变化，而政策层面上，"产业政策"可能导致的有害竞争使集群更加难以按照既定方案实现"落地管理"。中国区域产业规划的执行力度以及规划的人为变更因素进一步导致了集群的发展偏离初衷。因此，建设与区域发展、城市建设、产业优化和企业成长空间高度契合的文化产业集群，应当制定动态和适时更新的"影子规划"，以应对全球价值链片段化对知识分解的加速并满足对创新速度的要求。长效的机制确保规划和产业发展的持续性，使文化产业集群的建设路径和方案会因为产业发展规律与市场环境变化而做出修订，但不因决策群体的变更而发生改变。

二、提高集群产业效能

（一）提高"集群效能"

产业集群的竞争优势是集群效能的耦合。集群效能的提高表现在通过构建知识共享的创新网络提高集群创新速度和创新效率。例如在文化产业集群模块化网络组织系统内部，由于规模和地位相当的中小企业数量众多，搜寻成本减少，便于在价格、质量和产品差异化程度上形成一定的评价尺度，因而在各模块供应商、中间商和产品制造商间存在着一定程度上的竞争。而企业集聚面临的竞争压力迫使企业必须不断加大研发投入，在产品质量和产品差异化上增加技术优势，通过持续创新不断提高技术水平，不断满足消费者个性化、多样化的产品需求,从而形成整个集群的核心竞争力,共同对抗集群外部更加激烈的竞争,也进一步促使整个网络的创新速度加快。此外,集群内部形成的创意模块使得各模块企业通过正式或非正式的契约在设计、技术开发、生产、市场营销等创造价值的活动中选择性地与其他模块企业结成长期稳定的合作关系。合作形式包括基于专业化分工的合作、基于资源使用上的合作、基于知识关系方面的合作以及基于市场需求的合作等。通过这些合作形式,集群中的模块企业可以利用地理位置的毗邻和产业的关联,通过知识资源共享、优势互补、共同投入、风险共担方式进行合作创新,这样既可以克服创新资源不足的困难,又可以分散风险,提高创新能力和创新效率,进而进一步提高文化产业集群本身的生产效率和创新能力,从而成为区域经济发展中富有活力和价值的经济实体。

集群效能的提高还表现在协同创新与区域合作形成互补,使比较优势转化为竞争优势。例如利用文化的关联、地缘的接近和旅游线路的串联,跨区域文化产业合作可以有效打破区域行政壁垒,进入以市场主体为主导的深入实施阶段。随着文化产业发展愈加科学、理性,文化产业行业之间"无边界"的问题也将进一步凸显,不仅行业之间,文化产业的区域竞合也将呈现出愈加明显的趋势,因此,应当通过有效利用资源和平台协作,形成突出优势、错位竞合的发展格局以提高文化产业的区域竞争力。跨区域的文化产业合作以文化集群的形成为核心,以跨地域的文化经济圈为载体,有效利用了资源和地缘的优势,以形成核心竞争力吸引更大的市场,获得更广的关注,在当前文化消费形态日趋多元化、文化消费市场不断扩张的时代背景中,必将有利于区域整体文化产业增加值的提升。

(二)完善要素结构

在当今全球价值链分工体系下,产业发展的比较优势已不再仅仅体现为一个具体的产业、行业或某种特定的产品,而是更注重对价值创造链条上的环节或工序进行投入。优化文化产业的产能结构,转变文化产业集群的增长方式是完善文化产业要素结构、实现文化产业集群内涵式发展的重要路径。经济增长方式是指一国国民经济实现长期增长所依赖的基本机制与路径以及由此表现出来的总体特征。文化产业集群有效推动了传统产业的转型和升级。文化制度的完善,文化环境的优化,传统制造业中文化因子的提升以及以文化产业集群的形式实现文化资源的规模化、集约化和专业化,可进一步提高文化产业对经济的贡献率,推动传统产业在文化制度和文化环境下有序升级。完善文化产业的产业结构和消费结构,是扩大文化市场、提高集群竞争力的重要方向。产业结构升级的动力首先是消费需求升级。不同产品需求的收入弹性不同,随着居民收入增加,需求弹性高的行业增长较快,从而带动产业结构升级。随着恩格尔系数的降低,我国居民对消费品的需求种类日趋多元化,体现在核心文化产业的产品中,表现为对消费的形式和内容要求的提高,体现在非核心文化产业的产品中,表现为经济与文化的融合促使一般性消费品对文化因子提高的要求更为强烈(例如在工业设计和建筑设计中对原创性与艺术性的要求直接影响了工业制造业产品的销售和地产业的销售业绩)。此外,技术创新对产业升级的拉动也十分明显。不同行业技术进步速度不同,技术进步越快、劳动生产率越高的行业规模扩张越快,它们在经济中所占的比重和贡献度便不断提升,从而带动产业结构升级。在产业结构完善的发展策略上,过去单纯地依靠原始的比较优势或者要素禀赋(如各种资源的丰裕程度)来定位一国对外贸易在世界经济中的角色,如今已经不存在绝对的比较优势。从我国产业分布和集群发展的现状来看,以劳动密集型和自然资源密集型产品为主仍是集群发展的主要方式,而缺少具有自主知识产权的原创性文化产品和服务,这使我国文化产业发展处于价值链的中低端。因此,着力于"以知识溢出作为产业集群内企业技术创新和产业集群整体技术升级的源泉,能够降低集群内企业创新的门槛,并激励关联企业的协同创新",进而以全球视野谋划和推动创新,提高原始创新、集成创新和引进消化吸收再创新的能力。

三、推进制度创新与试验

(一)从"产业政策"走向"集群政策"

文化产业的种类繁多,在国民经济中涵盖多种行业和门类,其复杂性对制度建设和管理提出了更高的要求。毋庸置疑,"政策必须因地制宜,认真分析政府能做什么,如何进行公共干预,一方面提高现有的经济基础,另一方面把更多的相关企业和机构吸引到集群中发展",而产业政策在为重点发展产业提供更好的空间的同时,对市场的高度保护和资源配置上的倾斜可能不利于竞争。以产业的规模扩张为直接目的的产业政策一方面容易造成产业发展的盲目性，另一方面其最大受益者是行业内的主导企业或龙头企业。我国文化产业正处于快速增长阶段，增加值增速远远超过国民经济与社会发展的平均增速，文化产业的发展以及文化产业集群的发展正处于快速规模化时期。因此，区域范围内，以产业集群政策代替或优化产业政策，不但可以促进区域文化产业竞争力的提高，而且可以有效规避因为过度关注规模化扩张而忽略集约化和专业化的发展误区。文化产业集群的发展具有产业集群的共性规律，同时基于文化对智力成果创造、运用、保护、管理的格外强调，文化产业集群往往表现出不同于一般地区的发展落地和产业轨迹，集群政策的设置旨在"以集群空间为载体，通过制度上的空间构建与突破，实现对经济要素的引导和吸纳，从而实现不同于其他区域（非集群空间）的特殊生产力的提高与释放"。

（二）从"产城割裂"走向"产城融合"

在大规模集群建设中，基于区位理论和土地成本因素，政府往往以远离城市中心地的区域或城市边缘区作为大面积集群建设的发展空间。正是资本的本性驱使着新建空间的安排遵循级差地租效益最大化的原则。也就是说，在单中心的城市空间里，土地和住房的价格大多随着与城市中心城区距离的增加而减少。这一变化与区位对应的便利性直接相关。越接近城市中心，各种便利条件越集中，土地的价格及房价也就越高，形成单中心圈层式空间地域布置格局。这一区位特征直接决定了城市中心区、城市边缘区、城市郊区的总体空间划分，形成了"城市社会空间分异"。尽管远离中心地的产业集群一定程度上实现了产业集聚，但功能的集约化进程却远远滞后，缺少社区单元和公共服务配套，使集群缺少活跃的文化消费市场和流通要素。同时，因为集群距离中心城区和居住主体区尚有距离，集群与中心城区之间的连接带往往成为高峰时段的交通拥塞路段，导致了与现代化和城镇化相伴的城市病，在城市整体布局中形成了"产城割裂"的格局。而在当前的旧区改造动迁过程中，作为代表公权力的地方政府，其公共性明显异化，自利性越发加深。公权力已经逐渐为资本所侵蚀而资本化，表现在内城改造中，关切居民根本利益的城市规划"关门决策"，缺乏居民的参与和表达，以至于城市规划成为个别官员追求政绩而随意进行"权力造城"的工具，从而使产业与社区融合功能的实现化为泡影。

新城市发展观要求集群功能集约化、企业集聚化和服务专业化，"产城融合"的集群发展模式，是文化产业集群破除发展定式，打破权利意识的封闭心态，从功能集群走向文化集群的重要路径。产城融合的发展理念，可以在最大范围内实现产业依附于城市、城市服务于产业的功能融合，使文化产业集群与城市成为良性互动的有机整体。随着新型城镇化建设的推进，产城融合发展规划的实施，将推动文化产业集群成为城市重要的功能区。新的城市规划更加强调城市、产业和土地的"三规融合"，也更加注重生产、生活功能的协同与土地价值最大化的复合。以"弹性规划"的发展理念设计未来集群的发展框架，在旧城改造和新城建设中，为文化功能的拓展和文化价值的发挥预留更多的公共空间，是集群规划和设计的重要前提。

第七章

供给侧改革视角下的文化企业创新

随着我国文化产业快速发展，尤其是我国文化产业业态融合的趋势和科技创新主导的特征逐渐明显，文化产业各行业不断进行供给侧结构性改革。在优化结构中不断发展，越来越凸显出经济新常态下对转变经济发展方式、推动产业转型升级的重要配合作用，甚至在推动产业融合、推进城镇化发展、加速区域协同创新、参与全球文化经济角力及实现包容性发展等方面，不断实验新路径、创造新模式、重塑新动力，起到对实体经济发展中某些领域的引领作用。在此背景下，我国文化企业不断进行创新发展，在坚持文化产业主业的前提下，广泛拓展和嫁接新业态，通过跨界发展优化结构，延长链条；还有许多传统行业企业，在行业转型中深入融合文化产业新业态，通过创新布局和多元经营转变思维，放大格局。供给侧结构性改革为我国企业发展提供了新的动能，为文化市场发展创造了新的机遇。

第一节 供给侧改革视角下文化企业融合发展的特征

在全球文化环境和政策生态逐渐向好的方向发展的时代进程中，我国文化事业逐渐成长为具有更强竞争力的市场主体，并以独特的融资方式、产权结构和治理方式适应市场经济的要求，在国民经济与社会发展中发挥着愈加重要的作用。随着文化发展战略的革新、文化广场体系的建立健全和文化体制改革不断步入"深水区",文化企业变得更加适应文化市场需求多元化的时代进程,并呈现出鲜明的发展特点。

一、"文化+":提供核心支撑,推进产业融合

"文化+"是以文化为引领的产业的横纵联合来满足新需求、创造新供给,并着力提高文化产品和服务供给体系的质量和效率,为文化发展提供新思路、新模式、新业态。在我国文化企业发展中,"文化+"植入或贯穿在经济社会各领域各行业,并呈现出多向交互融合的态势,对发展创新型经济、促进经济结构调整和发展方式转变、加快实现由"中国制造"向"中国创造"转变以及有效地促进产品和服务创新、催生新兴业态、带动就业、满足多样化消费需求、提高人民生活质量等方面,均发挥了重要的作用。

(一)以"文化+"破除传统定式,开拓新兴市场

以"文化+"为核心,以科技为依托,实施"文化与科技融合"的发展战略,成为许多文化企业供给侧改革的重要领域。以深圳华强为代表的一批创新型企业,不断深化文化科技融合路径,依托高新技术增强文化产品的表现力、感染力、传播力,强化文化对科技手段的内容支撑、创意和设计提升,促进文化与科技双向深度融合。例如,深圳华强凭借自身拥有的数字图像、影视特技、虚拟现实技术(VR)、网络通信、仿真与机器人以及自动控制等高科技技术,结合自主知识产权,选取中华文化以及世界优秀文化中脍炙人口的

故事或代表性的文化元素，通过精心的创意加工、科学设计和艺术美化，让这些传统文化以新的表现形式展现在公园游客面前，实现了创意设计、特种电影、动漫、主题演艺、文化科技主题公园等多个领域的有效连接，各产品之间互为上下游，互相依靠和支持，实现了优势互补、资源共享，打造了"文化+科技+旅游"的全新产业链。取得了良好的效益，为文化科技融合的产业实践提供了一个鲜明的"标杆"。

以重点园区（基地）和龙头企业为依托，加快文化科技领域工程实验室、重点实验室、工程中心、企业技术中心等创新平台的建设，也是文化企业及其平台载体在"文化+"的实践中进行的创新探索。例如杭州的西湖数字娱乐产业同以"为数字娱乐产业链上的企业提供发展空间、政策扶持和公共服务，吸引省内外数字娱乐类企业进驻园区发展"为定位，依托杭州顺网科技股份有限公司、杭州乐港科技有限公司、浙江方大智控科技有限公司等文化科技企业，以互联网游戏软件开发、动漫产品制作、网络游戏、手机游戏、手机动漫、彩铃彩信等数字娱乐增值服务形成了较为完备的产业链结构，已成为"集教育培训、产品研发、创业孵化、天使投资、国际合作等功能于一体"的数字娱乐产业集聚地，创造了以"文化+"为纽带，园区和企业共同成长，创意和科技协同发展的新模式。

（二）以"文化+"创造新动能，塑造新引擎

在文化产业的区域实践中，经济活动的空间集聚并非是个体企业和消费者的理性决策所导致的，也不是政府投资所能打造的，而是

自然发展的地方化过程，是企业互动和知识积累的结果。因此，随着文化产业规模化、集约化和专业化发展程度不断提高，以文化企业为引领的园区布局，越来越成为产业融合和产城融合的创新范式。"文化+"提供的基于企业之间融合创新的协作纽带，塑造了以企业为主体的园区发展新引擎。而园区内企业协同创新的战略范式，则催生了更加具有市场竞争力的空间模式和产业组织。

无疑，"文化+"为企业多元的主营业务提供了主题和主线。以万达为例。2016年，万达文化产业收入占集团整体收入的比重超过四分之一，文化产业已经真正成为万达的支柱产业。同年，万达集团服务业收入占比55%。历史上首次超过地产；服务业净利润占比超过60%，也大于地产开发利润。即令是万达商业，其租赁业务净利润占比约55%，以租金等为主的非地产净利润也超过了地产开发净利润。这意味着万达已经从地产转型，"文化+"是万达转型的重要引擎。据统计，2016年，万达全球新增影城677家，新增屏幕6788块，其中国内新增影城154家，屏幕1391块。这一年，万达在南昌、合肥建立了两个"万达城"，在全球引发巨大反响，正是这两个项目的落实促成"万达城"落户海外，万达酒馆开始走上品牌运营之路。此外，万达还成立了网络科技集团，明确打造中国唯一的"实业+互联网"大型开放平台的战略定位。无疑，围绕"文化+"跨界发展，万达创造的产业模式成为近年来文化产业的一大亮点。从万达的实践看文化产业的跨界发展，可以发现，"文化+"创造的产业融合和产城融合，为文化产业园区破除发展定式，打破权利意识的封闭心态，在最大范围内为实现产业依附于城市、城市服务于产业的功能融合提供了核心支撑。

二、"生活+"：引导消费供给，开拓跨界市场

生活性服务业领域宽、范围广，涉及人民群众生活的方方面面，与经济社会发展密切相关。加快发展生活性服务业，是推动经济增长动力转换的重要途径、实现经济提质增效的重要举措、保障和改善民生的重要手段。"生活+"的重点在于，以企业为主体，以园区为平台，以"生活+"为新增长点，以消费终端完善和消费渠道创新为两翼，通过园区和社区的融合，着力提升文化服务的内涵和品质，推进文化企业创新发展，不断满足人民群众日益增长的文化服务需求。

（一）"生活+"理念有效增加了文化企业的新供给

在"生活+"理念的引导下，文化企业有效增加了文化产品和服务供给，实现了文化产业的社群化发展。近年来，各类市场主体开始根据居民收入水平、人口结构和消费升级等发展趋势，创新服务业态和商业模式。优化服务供给，增加短缺服务，开发新型服务。许多城市纷纷利用文化活动创造"生活+"新理念，以新理念拉动新消费，以新理念布局文化产业园区，取得了有效成果。以青龙胡同为例，作为北京市东城区一条普通的胡同，过去的一年，这条胡同从长度不到800米的生活空间转变成为聚集创意咖啡馆、设计餐厅、创新孵化器、国际人才港等各具特色的创新空间在内的"设计创意一条街"。歌华设计打造的"新邻里——青龙胡同文化创新街

区项目",通过打造企业、社区以及企业之间的共融生态和品质园区,逐渐构建了基于"生活+"的城市创新生态。"新邻里——青龙胡同文化创新街区项目"以文化活动为主线,调动每一个文化企业的创造力,推出自己的特色活动,主办方将活动分成不同的种类以供企业参考。这也进一步说明,"生活+"已经成为一种引领文化创意和设计服务纵深发展的理念。

（二）"生活+"思维有效开拓了文化企业发展的新市场

在"生活+"思维的引导下,文化企业依靠供给侧改革不断跨界创新,有效拓展了农村市场,城市生活性服务业继续遵循产城融合、产业融合和宜居宜业的发展要求。科学规划产业空间定位,合理布局网点,完善服务体系,为文化产业领域供给侧改革奠定了良好的产业基础。以河北易水砚文化产业园、大同市广灵剪纸文化产业园区为代表的园区,面向基层文化市场,广泛集聚特色文化企业,大量吸纳农村剩余劳动力,以现代市场需求为导向,创新生产方式、工艺流程,适应市场消费需求的文化市场主体,以文化技艺传承为核心,渐进式整合技术、资金、人才等资源,使易水砚、广灵剪纸等非物质文化遗产、传统工艺被有效挖掘、保护和传承。它们在"运用经济规律配置民族文化资源,通过商品性的劳动或服务进入市场,实现民族文化的生产、流通、交换、消费的市场化运作"中,探索出一条以产业化发展、市场化经营带动存量资产盘活,提高市场要素流,为城市经济发展注入活力。这也进一步说明,围绕"生活+",深度开发人民群众从衣食住行到身心健康、从出到终老各个阶段各个环节的生活性服务，满足大众新需求。适应消费结构升级新需要，不仅是创新设计理念、体现人文精神的有效途径，也是园区为文化企业创造蓝海市场的有效手段。

三、"互联网+"：构建平台思维，加速业态创新

"互联网+"是把互联网的创新成果与经济社会各领域深度融合，推动技术进步、效率提升和组织变革，提升实体经济的创新力和生产力，形成更广泛的以互联网为基础设施和创新要素的经济社会发展新形态。"互联网+"开启了文化消费领域的新供给，互联网与各领域的融合发展已成为不可阻挡的时代潮流，正对各国经济社会发展产生着战略性和全局性的影响。因此，"互联网+"解决的是文化产业供给侧结构性改革的方向问题。

（一）"互联网+"为构建文化产业新生态发展打开了思路

以"互联网+"为依托，构建基于互联网的全新文化生态系统，文化产业的生产经营方式和商业模式也需要积极注入新的元素，进一步优化升级。例如，自2015年以来，以BAT为首的互联网公司大举进军文化产业，阿里影业、百度影业、腾讯文学、乐视影业等相继成立。随之而来的商业模式创新层出不穷，如腾讯以知识产权为核心，涉及文学、游戏、动漫、影视等领域的"泛娱乐"战略，阿里巴巴打造的网民投资影视剧作品的平台——"娱乐宝"。乐视构建的"平台+终端+内容+应用"的互联网生态系统等。

以"互联网+"为依托，构建大数据平台，实现智慧园区平台系

统运营，以互联网、文化、科技、人才、金融为产业要素进行全产业链集聚的运营模式，已经成为文化产业园区转型升级的新方向。以中关村互联网文化创意产业园为例。园区基于"互联网+"创造核心业态，创新实践项目，通过物业运营加产业投资、产业链集聚及产业引导、内容创新安排等运营模式，实现了资源整合和模式创新。此外，传统业态利用"互联网+"实现产业升级，也是2016年园区发展的重要特征。例如天安数码城，作为国内城市产业综合体的开创者，天安数码城自1990年成立以来，作为产业发展与城市价值提升的重要引擎，在全国十大城市复制了10个园区。在面临移动互联网、大数据、云计算等新科技革命时，天安数码城率先提出打造云时代的智慧园区，凭借与华为、超算、顺丰等企业的合作，构建了SMAC（社交化、移动化、大数据分析、云计算）的智慧园区服务体系，为文化消费实现了新供给。这也进一步说明，文化企业要想获得支持，应该勇于跨界，同时也要具备"造血"功能。因此，作为产业链的延伸，通过"互联网+"，文化产业园区在商业投资、公共空间、旅游资源配置中，能更好地吸引、挖掘人才，构建符合时代潮流的产业链，使得文化产业园区收获"弘扬文化、促进发展"的双丰收。

（二）"互联网+"为文化消费跨界蔓生发展奠定了市场基础

"互联网+"提供了文化产业发展的新动能，为文化产业跨界运营奠定了市场基础。这也进一步说明，坚持改革创新和市场需求导向，突出企业的主体作用，大力拓展互联网与经济社会各领域融合的广度和深度，深化体制机制改革，是释放发展潜力和活力的有效路径。

"互联网+"为消费方式的网络化和移动化提供了现实技术基础。与传统的消费方式有很大不同，网络消费方式强调参与性、社交性和个性化。从文化消费来看，网上购买电影票、演艺票和旅游门票是最普遍、最普通的大众文化消费趋势。而更有意思的文化消费行为，如粉丝经济、社群经济、消费众筹等，才是互联网与文化消费深度融合的产物。现在微信、微博上一大批文化企业、出版社甚至是旅游景点，都有自己的公众账号，通过优质的内容吸引趣味相投的粉丝，建立社群，形成差异化的社区文化，进而达到营销和引导消费需求的效果。再如，经过传统的功能性消费和品牌式消费，互联网的参与式消费是当下和未来文化消费的重要发展趋势，如早期的贴吧、猫扑、天涯论坛等，现在的弹幕、众筹、众创等都是年轻人深入参与的亚文化消费市场，都具有相对完整的产业链。

"互联网+"为企业跨界转型和立体发展提供了创新思维。对于传统文化行业而言，顺应大众消费市场的转移，建立新的网络消费渠道，引导新的文化消费习惯，对激发文化消费潜能具有重要作用。以华夏幸福大厂影视产业园区为代表的文化园区，开始利用互联网思维进行跨界创新，一方面打造融通的"产业互联网"平台服务体系（这一体系包括智能化服务体系、金融服务体系、用户体验体系、垂直电商和跨界电商平台以及中试试验平台），另一方面打造产城融合的文化产业发展空间。在打造大厂影视小镇的过程中，华夏幸福紧抓"文创"风口，以"中国专业化影视第一镇"为定位，量体裁衣地设计了覆盖"人才孵化、创意孵化、前期拍摄、后期制作、宣发交易"的全产业链。融合影视、文化、科技、金融，积极构建影视产业生态圈，其"做实一个产业，缔造一种风情。高品质可持续运营"的发展理念，正是互联网思维的落地实践。

第二节 文化企业供给侧创新的主要经验

一、以市场为导向并以知识驱动为主要特征

现代文化市场体系的建立健全,与市场经济的发展速度和水平及区域内文化资源禀赋、文化产品和服务的生产能力、消费潜力等客观条件密切相关,但最根本的还是取决于市场思维。纵观我国骨干文化企业,大多数具备超前的经营理念,以创新的市场意识驱动企业成长是其共同特征。

(一)以市场导向为主要特征

文化企业供给侧改革的核心在于以市场为导向进行供给侧产品和服务创新,关键在于把知识的获取、共享、创新和应用建立在开放的平台上。在我国文化产业供给侧改革的进程中,许多着力于破解区域发展瓶颈或创新区域发展模式的文化企业,有效打破了区域行政壁垒,加速了要素市场的资源配置。以深圳市腾讯计算机系统有限公司为例,作为一家文化科技型企业,腾讯对文化产业商业模式的影响和文化科技融合路径的探索贡献卓越,在全球文化产业50大企业中,腾讯已跳出区域范畴而成为具有强大文化创新能力的全球型企业。随着我国文化产业整体实力的增长,骨干文化企业在现代

文化市场体系建设中的作用进一步增强，越来越多的文化企业开始拓展视野，延伸链条，诸如中国对外文化集团公司、北京保利文化艺术有限公司、上海东方明珠（集团）股份有限公司等一大批骨干企业，不断创造优秀文化产品和服务并进入国际市场，实现了扩大对外文化交流，加强了国际传播能力建设，推动了中华文化走向世界。

（二）以知识驱动为主要特征

在文化产业供给侧改革的过程中，以知识为驱动重塑基于知识产业链升级或引领消费市场需求升级的经营模式，不断推动文化企业创新思维、接轨市场。许多骨干文化企业及时对要素结构、需求结构和产业结构进行综合优化与配置，在知识价值链的基础上展开分工与合作，实现资源共享，有效节约了文化产业运行成本、提高了文化产业发展效率并推进了文化产业集成创新能力和消化吸收再创新能力。雅昌文化集团和深圳市灵狮文化产业投资有限公司便是知识驱动型企业的典型代表。前者以技术创新见长，通过自主研发引领产业发展并成为行业旗舰；后者专注于平台运营，以商业模式创新重塑产业链条并打造专业园区服务平台。随着市场对消费需求不断提出新的要求，单一的企业或单元难以迅速应对市场做出反应，或应对市场变化投入高额原创研发费用，弹性的分工与合作在企业之间展开，亟须适应并引领市场的集约化发展。

着力于"知识共享"的平台思维，正是文化企业充分利用互联网思维进行业态转型升级的有效路径，尤其是以园区或集群创造的产业氛围和文化空气加强"隐性知识"的涵育——推进隐性知识创新及隐性知识显性化以创造更高的产业附加值。隐性知识创新是高度背景化和个性化的知识信息，隐性信息使各个具有不同创造能力和技术知识水平的创意企业在创意设计、生产、流通等各个环节实现了灵活的专业化分工和松散的耦合，形成了非线性的、多层次、多功能的网络合作关系，为以创新提高产品附加值提供了基本条件。可见，知识驱动型文化企业更倾向于以集群的方式形成合作网络。深圳大芬油画村、北京人大文化科技园建设发展有限公司、羊城创意产业园、上海张江创意产业基地和大连普利文化产业基地等便是知识深度型企业的典型代表。这种多层次、灵活的知识网络，企业主体间的知识共享，创意阶层间的创意碰撞，产生创新氛围，构成创意空间，使企业因弥漫着"产业空气"而具备更强的创新能力。

二、注重协同创新并着力提高资源整合能力

协同创新是以知识增值为核心形成的大跨度整合的创新组织模式，其关键是形成以大学、企业、研究机构为核心要素，以政府、金融机构、中介组织、创新平台、非营利性组织等为辅助要素的多元主体协同互动的网络创新模式，从而产生"1+1+1>3"的非线性效用。从我国骨干文化企业的主营业务变化中可以发现，大多数文化企业注重基于协同的跨界合作，并在企业经营和行业拓展中不断整合资源、做大主业。

通过出资购买、控股等方式取得被兼并企业的所有权、控股权，或通过合并成立更具竞争力的市场主体，是骨干文化企业发展的重

要经验。尽管近年来我国文化产业已初具规模,但许多企业业务单一、抗风险能力弱、行业集中度低等问题仍然突出,这就需要有实力的文化企业适时进行跨地区、跨行业、跨所有制兼并重组。业务相近、资源相通的文化企业按照优势互补、自愿组合的原则组建成新的企业,可有效节约企业运行成本,提高企业核心竞争力。例如云南柏联和顺旅游文化发展有限公司是在兼并原来的国有企业、承担全部债务、安排全部员工的基础上,与腾冲县人民政府签订协议共同组建的。哈尔滨新媒体集团以哈尔滨新媒体文化产业集团有限公司为龙头,联合黑龙江新洋科技有限公司、哈尔滨市盛源文化传播有限公司、哈尔滨软件外包园有限公司等4家产业相关度大、互补性强的企业共同组建成综合性的文化企业集团。上海时空之旅文化发展有限公司由上海文广新闻传媒集团、中国对外文化集团公司、上海马戏城和上海杂技团共同投资组建,是一家独立核算、自负盈亏的项目公司,其将新闻传媒资源、海外演出运作资源、演员及演出场所资源有机融合,充分发挥资源共享优势,倾力打造著名文化品牌。

借力区域文化产业实现快速增长是许多骨干文化企业实现规模化发展的重要因素。文化产业发展不可能与区域经济发展相互割裂,区域间不断进行的要素交换和市场流通是文化产业成长的重要推力。一方面,区域间的合作与竞争决定了文化产业的战略选择和行业选择,文化产业秉承区域发展脉络,利用地缘经济优势,抓住区域发展机遇,可以在产业转移或产业升级中获得更大的发展机遇;

另一方面，区域内部产业发育程度、市场成熟程度、消费活跃程度，决定了文化产业的战略布局及文化企业的商业模式。

文化产业的发达程度与区域经济社会发展水平、文化消费水平及文化市场建设情况密切相关。从整体上而言，我国东部地区骨干文化企业和行业龙头企业的数量较为集中，文化企业优势资源更加趋于向东部经济发达地区汇聚，骨干企业在区域文化产业发展中的引擎拉动作用愈加明显。同时，东部地区以发达的经济条件、相对健全的文化市场体系和密集的文化人才优势，集聚了众多骨干文化企业，而经济欠发达的西部地区，得益于云南、陕西等地依托资源发展文化产业的特点，以骨干文化企业为引领形成"反弹琵琶"的发展格局，文化产业在城市转型和产业发展中拉动作用明显。这说明，地缘的接近性及经济圈内部或城市群之间相关文化资源的互补性或相似性，形成了跨区域产业集群。为区域协调与合作、发挥城市机能、实现区域内外的协调发展提供了天然的优势，更为文化产业开发提供了便利条件。

三、顶层设计与"摸着石头过河"并重

一个国家的发展从根本上要靠供给侧改革推动，推进供给侧结构性改革，是综合研判世界经济形势和我国经济发展新常态做出的重大决策。围绕供给侧改革进行制度创新，是文化企业顶层设计的关键，而围绕文化市场逻辑进行全面的要素创新，从供给侧角度不断优化企业结构，提升企业文化竞争力的探索和实践，则是文化企业不可回避的议题。

从整体上而言，我国骨干文化企业大多结合区域经济社会发展、依托智库群体进行"顶层设计"，并在区域文化市场体系建设、文化企业商业模式探索中进行"摸着石头过河"式创新，不断优化文化产品和服务，适时总结文化产业发展形势，在后续经营中对成功经验进行总结的同时，有效规避过往"弯路"，在对国际形势判断的不断深入和对国内市场机遇的不断把握中，不断做强做大。

不断寻求一种基于文化资源禀赋并和文化资本运行并行不悖、互为杠杆的新范式，是文化企业"顶层设计"的基本着眼点。例如多数骨干文化企业借助智库和外脑进行顶层设计，并结合自身实践自主创新，通过设计城市文化产业发展路径，优化城市文化空间，提升城市产业层级，寻求文化产业突围，创造了"顶层设计+摸着石头过河+地方首创"的模式，以高度的集成性和系统的科学性为文化企业战略行动提供综合指导。例如西安曲江文化产业集团充分挖掘和整合历史、宗教、民俗文化资源，由世界规划建筑设计领域具有显著影响力的建筑设计株式会社担纲大雁塔北广场的概念设计，由中国工程院院士张锦秋担纲"长安芙蓉园"项目的规划设计，而西安大唐西市文化产业投资有限公司同样选择世界知名建筑设计公司 RTKL 国际有限公司进行总体规划，由国内知名地产战略策划机构王志纲工作室进行项目战略规划。在大多数文化产业示范基地战略方针的制定、重大项目的策划、产业路径的设计中，均从企业发展的层面不同程度地引入智库团队或专业咨询策划机构进行顶层设计，充实企业力量并极大地拓展了企业视野。

事实上，以广阔的视角、全球化的眼光、战略性的思维规划文化产业发展路径，设计文化产业成长模式，是文化产业规划成功的重要维度。供给侧改革进程中，我国文化企业以国民经济和社会发展规划为指导，以区域内文化、社会资源和发展基础为依据，在综合考虑文化产业各种要素的资源基础上，确定文化企业发展的方向、规模和结构，合理配置资源，以获得最佳经济、社会和生态效益的整体布局，既为我国供给侧结构性改革提供了有益经验，也为文化经济领域融合发展提供了有效范式。文化企业创造的"顶层设计"与"摸着石头过河"并举思路，实质上是倡导一种容纳文化建设、经济发展、城市设计、区域开发的思想，使其贯穿在"区域——城市总体——详细规划"的各阶段、各层次，对文化产业发展产生了积极作用，也对区域创新起到了重要推动作用。

第三节　供给侧改革进程中文化企业创新发展的趋向

一、文化产业企业的市场逻辑将发生转变

当前我国正处于经济发展新常态，过去二三十年助推经济高速增长的人口红利、土地供给和粗放投入已逐渐不复存在，传统的"三驾马车"——投资、出口、消费对拉动经济增长的动力日渐不足，传统产业相对饱和、产能库存相对过剩、资源消耗相对巨大等问题日益凸显，中国经济正在进入增长速度换挡期、结构调整阵痛期、前期刺激政策消化期"三期叠加"状态中。新常态既对中国经济社会平稳发展提出新挑战，也为中国各产业转型升级带来新机遇。

（一）文化企业发展理念将从"传统定式"向"创新思维"转变

供给侧结构性改革是一个结构调整和发展方式转型的过程。我国已经迈入中高收入阶段，人民收入提高了，必然对产品及服务的质量、功能和工艺等有更高层次的要求，消费观念正从"价廉物美"向"物美不必价廉"转变。在消费观念转变的同时，文化企业的发展理念必须顺应消费需求，进行发展思路转变，甚至提前引领消费

需求，创新谋变。而当前，我国文化产业发展仍存在较为突出的结构性问题，文化产品和服务的供需错位、供需错配问题和文化消费市场的需求下降、需求外移问题的解决，就是一个从不平衡到相对平衡的过程，这同时也是我国经济重塑动力、释放潜力、生成合力、激发创新力的过程，需要通过技术进步实现生产效率的提高和通过生产要素的重新组合实现资源配置效率的提高来实现，这将成为文化产业创新升级的双轮驱动。文化企业如何突破简单的产业淘汰，通过理念创新、技术创新和文化创新实现企业（产业）内部和企业（产业）之间的优化升级，促进传统产业的价值链提升和与文化产业的深度融合，是当前乃至未来相当长时间内实现深层次的产业结构调整所要着力解决的问题。

（二）文化企业运营思路将从"文化领域"向"全域社会"扩展

随着信息技术高速发展和移动互联网迅速普及，信息产业对文化创意和设计的需求、文化传播对数字化和网络化的依赖，要比任何时候都更加迫切和强烈，二者双向深度融合所催生的新型业态，也比任何时候都更加多样多元。随着科技的进一步发展，交叉互渗、产业融合成为新的发展趋势，文化产业的内外部边界愈趋模糊。在创意驱动和科技引领下，新业态频频出现，"文化+"成为相关产业转型升级的重要引擎，"文化+制造、文化+设计、文化+旅游、文化+金融、文化+康养、文化+农业、文化+体育、文化+智慧城市、文化+特色小镇、文化+人工智能"等频频引领产业发展新潮流。"文化+"横向拓展、纵向延伸，不断促进文化产业与相关产业的融合创新，这也将进一步使文化企业不再单纯以"文化"为单核心聚焦点，而是更加适应居民文化消费的新需求，不断适应城镇化发展的新趋向，不断向一、二、三产业和上中下游全产业链覆盖延展。在这一背景下的文化企业，也将更加专业化和精准化，将不断从"小文化"向"大文化"扩展，通过资源整合和跨界竞合，突破行业壁垒，创造产业空间，推动文化产业的繁荣发展。

（三）文化企业跨界维度将从"浅层融合"向"深度融合"推进

未来，融合发展依然是文化产业跨界的主题词。在新的价值理念下，文化企业的发展，也势必将从产业链源头向纵深不断推进，将文化、创意、品牌、情感、价值观和科技融入产品及服务设计研发、生产传播、展示体验、营销策划、增值服务的每一个环节，积极推进技术创新、业态创新、内容创新、模式创新和管理创新，积极促进创意设计与日常起居、公共社群、街区空间、城市更新、乡镇生态等有机融合，将文化创意发展成为弥散在业态生成及发展中的产业美学和日常周边感知中的生活美学。可以说，未来几年中，产业融合从浅层次的技术借鉴、媒介交叉、生产合作逐步向深层次推进，将不断诞生新的产业形态，创新价值增值环节，改变现有产业结构，进而成为提升传统产业模式、影响国民经济增长方式的一种新的经济现象。

二、供给侧改革将加速文化企业洗牌

文化产业供给侧改革的核心是加强优质供给，提高产业附加值，强化文化创意产品和服务的创意及设计含量，提升文化产品和服务的品质内涵，增强原创性和市场营销能力，这是文化创意和设计服务转型升级的立足点，也是其面向整个经济社会发展的重要接口。以供给侧改革为契机，文化企业将进入洗牌加速期，不适应文化市场逻辑和无法顺应文化消费发展理念的企业，将逐渐被市场淘汰。优化文化企业产业结构，加强文化企业供给侧和需求侧管理，也成为未来文化企业可持续发展无法回避的命题。

（一）文化企业发展将进入供给侧结构性改革的加速期

供给侧结构性改革是一个新技术潜力、新商业模式得以快速释放的过程。当今世界正迎来新一轮的科技革命和产业变革，一些重要的科学技术正在酝酿，为我国创新发展、"弯道超车"带来了历史性机遇。当前国内新技术、新模式、新业态层出不穷，一大批新产业正在快速成长，成为经济发展的新动能。文化企业发展也进入以供给侧结构性改革为引领的加速期。

推进供给侧结构性改革，要求企业必须在提升产品质量和企业国际竞争力上下功夫，塑造精品文化，培育工匠精神，把提供优质有效供给当作企业的主攻方向，让企业的产品和服务能够匹配市场需求的阶段性、结构性变化，甚至引领市场需求。因此，无论是新兴产业还是传统领域的企业，要抓住技术变革的机会，补齐技术和创新短板，努力占据价值链高端；在新兴产业发展上，要立足核心技术，不能只满足于低端组装，要减少低效低端重复投资；在传统产业发展方面，要善于利用新技术特别是信息技术和互联网思维来改造传统产业。增加文化产品的有效供给，提升文化产业的行业品质；在技术创新路径上，要坚持在开放中提升自主创新能力，利用国内资本充足、市场空间大、工业配套完备的优势，把引进来与走出去相结合，深度整合全球创新资源，全面提升企业创新能力。这些文化企业面临的各种问题和发展机遇，因为供给侧结构性改革政策机遇的到来，而成为企业必须着手解决的现实问题。

（二）将有更多传统产业借力文化产业实现供给侧改革

供给侧结构性改革是一个优胜劣汰、资源再配置的市场过程。国际经验表明，在经济衰退期（包括经济发展阶段的更替期），必然会有一批企业不能适应新阶段，最终沦为破产。我国正处在自身发展阶段转换和世界经济艰难复苏的叠加阶段，面临着产能过剩和带有中国特征的"僵尸企业"等需要下决心并且只有立足长远才能解决的棘手问题。推进供给侧结构性改革，就是要遵循市场规律，形成倒逼机制，加快市场出清，释放出土地、资金、人才等资源，使之向优秀企业集中，为新兴企业腾出更大的发展空间。

未来，在产业结构完善和产能效率提高的战略思路中，过去单纯地依靠原始的比较优势或者要素禀赋（如各种资源的丰裕程度）来定位自身在经济发展中的角色已经不可行了，而以"人口红利"实现劳动密集型和自然资源密集型产品较低的"成本优势"的可能性也逐渐降低。着力于"以知识溢出作为企业技术创新和产业集群整体技术升级的源泉",进而以全球视野谋划和推动创新,提高原始创新、集成创新和引进消化吸收再创新能力,无疑将成为企业竞争的重点。

未来,将有更多传统企业借力文化产业实现企业自身的供给侧改革,文化企业将面临更大压力,但也会面临新的机遇。文化产业供给侧改革侧重于引导市场中的创新力量去推动解决文化产品和服务领域高端供给不足的结构问题,对于实现供求之间的双向动态均衡将起到重要作用。供给侧结构性改革的关键是要实现产业转型升级和附加值倍增,在这个过程中,文化产业将起到重要作用。传统产业如何借力文化产业实现嵌入式融合发展,传统产业短链如何通过品牌打造和衍生品开发实现向上下游延伸拓展,各相关产业如何通过"文化+"实现创意化的跨界升级,这些都需要着眼于供给侧角度,从供给端创新生产思路,创造新的经济增长点。未来,将有更多的传统产业和传统企业,通过入园发展实现转型升级,也将有更多的传统业态企业,为适应供给侧改革的总体要求向消费者提供更优质的文化服务。如何通过深入挖掘和大力激发文化消费需求,积极释放市场活力,努力向市场提供更多高品质、多元化的文化产品和服务,从而实现行业的"洗牌",是一个值得思考的问题。

结束语

本书立足于我国大力推进供给侧结构性改革的时代背景，聚焦文化产业发展的行业本质，深入剖析文化产业发展以及以创新驱动业态创新，对各领域的创新发展有所启发。

首先，我国经济正从高速增长转向中高速增长，经济发展方式从规模速度型增长转为质量效率型集约增长，经济结构从以增量扩能为主向调整存量、做优增量并存的深度调整，经济发展动力从传统增长点转向新的增长点，通过挖掘和培育新动力促进经济持续发展，越来越凸显出重要作用。作为战略性新兴产业，文化产业近十年来的成长速度、产业黏度、联动发展特性和协同创新优势，越来越凸显出其在经济社会发展中的价值和意义，特别是文化产业在推动产业融合、加速产城融合、优化区域发展布局、参与全球文化经济角力及实现社会包容性发展等方面的重要作用，不断成为经济社会发展的"加速器"和"稳定器"。而文化产业供给侧结构性改革无疑是对当前产业转型升级的一种有力注解，它既是经济领域供给侧理论与实践的重要补充，又是以文化之智启迪产业转型，以文化之光照亮社会进步的重要力量。

其次，文化产业以创新性、蔓生性和触媒性等典型特征，形成精

结束语

进的动力严谨逻辑，其所处的周期阶段和业态性质具备接驳新旧动能、实现动力平稳过渡能力，既符合经济社会向多元动力、混合动力发展的市场逻辑，又具备不断地颠覆原有动力结构并优化经济发展组织结构的特征。文化产业又以特色发展为识别特征，可以充裕地参与或引导全球化和城镇化进程中全要素创新资源配置，在一定程度上能够消弭经济发展带来的社会问题。更为关键的是，文化产业还通过文化地理格局重构带来经济版图能量交换，在解决经济发展困境和区域发展鸿沟上起到了重要的动力触发作用。可以说，文化产业既是一种意识形态和自觉意识，也是一种强大的经济手段和具有社会发展性动力的正能量。

最后，正是文化的"温度"，使很多棘手的经济问题得以解决，也正是"文化"的尺度，让诸多僵持的社会问题迎刃而解。经济"新常态"背景下，文化产业的多重属性和文化的多元特征使文化产业发展并未完全囿于传统动力桎梏，而是致力于通过永续创新塑造经济发展的持续动力，通过跨界逻辑重构区域经济的发展秩序，通过共生创新推动传统产业的迭代升级，通过平台思维激发产业转型的内生动力，文化产业的动力逻辑和驱动路径无疑为创新经济领域供给侧结构性改革提供了"破冰之力"。

参考文献

[1] 楚明钦.产业发展、要素投入与我国供给侧改革[J].求实,2016（6）：33-39.

[2] 林卫斌,苏剑.供给侧改革的性质及其实现方式[J].价格理论与实践,2016（1）：16-19.

[3] 胡星宇.供给侧改革的意义与实现路径[J].全国流通经济,2016（5）：61-62.

[4] 贾康,苏京春.论供给侧改革[J].管理世界,2016,270（3）：1-24.

[5] 张爱民,易醇,张蜀艳.文化产业发展模式研究[J].经济师,2013（2）：55-56.

[6] 张芸.文化的供给侧结构改革[J].品牌研究,2018（03）：14-15.

[7] 王青媛.社会主义市场经济下供给侧改革的意义与路径[J].知识经济,2017（17）：19-20.

[8] 李伟伟,杨永春.文化规划引入我国城市规划的机制及其层系构建[J].规划师,2013,29（2）：88-92.

[9] 张立波.文化产业发展模式的特色与共通性辨正[J].北京联合大学学报（人文社会科学版）,2018（2）.

[10] 花建. 中国文化产业的区域发展战略 [J]. 同济大学学报（社会科学版），2014（3）：39-48.

[11] 林民书. 文化产业发展模式及其特点研究 [J]. 中国经济问题，2008（1）：13-20.

[12] 任致远. 略论城市文化发展与城市规划 [J]. 上海城市规划，2012（3）：1-6.

[13] 胡攀. 文化产业发展模式比较 [J]. 改革，2009（6）：145-147.

[14] 张祥志，尹靓. 基于供给侧改革的文化产业创造力激励研究 [J]. 中国出版，2016（13）：15-19.

[15] 杨利军. 供给侧改革的意义、路径及对策 [J]. 商业经济研究，2016（17）：131-133.

[16] 马健. 从供给侧释放文化经济活力 [J]. 人文天下，2017（3）：2-4.

[17] 牛怡晨. 论钧瓷文化产业的供给侧改革 [J]. 许昌学院学报，2018，37（07）：33-36.

[18] 潘冬东. 推进福州文化产业供给侧改革的思考 [J]. 福州党校学报，2018（02）：68-73.

[19] 王敏. 供给侧改革背景下济南市文化领域供需状况分析研究 [J]. 山东商业职业技术学院学报，2017，17（06）：1-5.

[20] 钟廷勇，孙芳城. 要素错配与文化产业供给侧改革 [J]. 求是学刊，2017，44（06）：37-45.

[21] 王华东，徐运红，王娟，刘双霞. 新常态经济下文化产业供给侧改革应做好"四则运算" [J]. 现代经济信息，2017（21）：

38-39.

[22] 陶庆先. 深化供给侧改革培育文化产业新业态 [J]. 发展改革理论与实践, 2017（09）: 12-14+27.

[23] 孟书魁. 新常态下我国文化产业供给侧改革问题探讨 [J]. 当代经济, 2017（21）: 82-85.

[24] 仲庆国, 卞辰苗. 从供给侧改革角度探讨泰州地区文化发展的新思路 [J]. 财经界（学术版）, 2017（11）: 132.

[25] 楚明钦. 要素投入、制度创新与文化产业供给侧改革 [J]. 中共四川省委党校学报, 2017（01）: 86-90.

[26] 范静, 王文聪. 会展文化产业供给侧改革路径研究 [J]. 职业技术, 2017, 16（01）: 33-36.

[27] 周及真. 推进无锡文化产业供给侧改革的思考——以成长型企业为重点的分析 [J]. 江南论坛, 2017（01）: 24-26.

[28] 王淑珍. 文化产业供给侧改革问题探讨——以酒泉市为例 [J]. 甘肃金融, 2017（01）: 22-24+41.

[29] 李毅. 文化产业供给侧结构性改革的着力点和现实路径——以国产电影为切入点 [J]. 开发研究, 2016（06）: 15-19.

[30] 卞晓丹, 钟廷勇. 空间集聚与文化产业供给侧改革——基于要素错配的视角 [J]. 江海学刊, 2016（04）: 86-91+238.

[31] 孙克强. 文化产业供给侧改革需大胆金融创新 [J]. 董事会, 2016（05）: 104.

[32] 涂丹. 新业态下文化产业的供给侧改革与调整 [J]. 学习与实践,

2016（05）：128-134.

[33] 齐骥. 新动力：文化产业供给侧改革 [N]. 中国社会科学报，2017-05-17（007）.

[34] 朱梦秋. 文化产业供给侧改革着眼于"扶强扶优" [N]. 中国商报，2016-08-19（P03）.

[35] 李向民. 文化产业供给侧改革要做好"加减法" [N]. 新华日报，2016-07-22（014）.

[36] 鲁元珍. 文化产业：供给侧改革将带来什么 [N]. 光明日报，2016-01-21（014）.

[37] 霍步刚. 国外文化产业发展比较研究 [D]. 东北财经大学，2009.

[38] 路平. 基于科技创新视角的文化产业发展研究 [D]. 武汉大学，2014.

[39] 王迎春. 中国特色社会主义文化发展模式研究 [D]. 吉林大学，2013.

[40] 刘早. 中国文化产业发展战略选择 [D]. 湖南大学，2008.

[41] 刘彬. 文化创意产业发展中的政府职能研究 [D]. 浙江大学，2010.

[42] 刘冠军. 我国转型期文化创意产业与经济发展互动机理研究 [D]. 西南财经大学，2013.